A democracia inesperada

Bernardo Sorj

A democracia inesperada

Cidadania, direitos humanos e desigualdade social

Jorge Zahar Editor
Rio de Janeiro

Jorge Zahar Editor Ltda
rua México 31 sobreloja
20031-144 Rio de Janeiro, RJ
tel.: (21) 2240-0226 / fax: (21) 2262-5123
e-mail: jze@zahar.com.br
site: www.zahar.com.br

Capa: Sérgio Campante

CIP-Brasil. Catalogação-na-fonte
Sindicato Nacional dos Editores de Livros, RJ.

S691d

Sorj, Bernardo, 1948-
A democracia inesperada: cidadania, direitos humanos e desigualdade social / Bernardo Sorj. — Rio de Janeiro: Jorge Zahar Ed., 2004

Anexo
Inclui bibliografia
ISBN 85-7110-806-4

1. Direitos humanos. 2. Direitos civis. 3. Cidadania. 4. Igualdade. 5. Democracia. I. Título.

CDD 323.6
04-1863 CDU 342.71

Existem sons, gestos, gritos, mas eles não formam mais frases, e, quando acreditamos decifrá-las, é como se reaprendêssemos uma língua desaparecida. É certo que não existe silêncio completo e durável das sociedades; mas no final do século XX — dominado por discursos, ideologias, sistemas de uma força excepcional, ensurdecedora — vivemos um momento, que só pode ser muito breve, no qual só ouvimos o ruído dos buldôzeres que evacuam as ruínas deste universo sonoro ...

Alain Touraine

Sumário

Prefácio

Que tempos são estes? Fernando Henrique Cardoso, o presidente-sociólogo, de formação marxista, identificado na sua juventude com o Partido Comunista, foi duramente criticado pela esquerda por ter realizado um governo "neoliberal", produto, segundo a maioria dos analistas, de uma opção por alianças políticas à direita. Porém a política econômica do início do governo do Partido dos Trabalhadores, liderado por um presidente-operário, assim como as reformas constitucionais por ele encaminhadas, tem dado continuidade à do governo anterior.

O que está acontecendo? O novo governo do PT também é neoliberal? Para alguns, o presidente sofre as conseqüências do peso da herança econômica ou de uma assessoria falha orientada por modelos equivocados, promovidos pelos organismos financeiros internacionais. Existem ainda aqueles que chegam a formulações do tipo "o PT está no governo, mas não no poder", divisão fundada na tradição revolucionária e antidemocrática, que não entende a diferença entre governos delimitados pela divisão de poderes e pelas regras do sistema representativo de governos que possuem o controle discricionário do poder e da máquina do Estado.

Para boa parte dos simpatizantes do Partido dos Trabalhadores, não há explicações — somente um sentimento de orfandade. Esse sentimento é, com certeza, o melhor ponto de partida para enfrentar os novos tempos, pois ele reconhece implicitamente que a esquerda brasileira, nas últimas décadas, se construiu com um discurso "do contra", da oposição fácil, que permitiu aglutinar tendências divergentes no interior do partido, mas que não explicava em que mundo vivemos, para onde vamos e o que é factível sonhar um dia realizar.

O antineoliberalismo foi o álibi intelectual da esquerda para não ser contemporânea das transformações da sociedade brasileira. Quando a esquerda era marxista, podia ser criticada pelas eventuais falhas e erros que suas análises continham, mas apresentava uma visão afirmativa do mundo, do sentido das transformações em curso e das novas forças sociais envolvidas. O *Manifesto comunista*, de Karl Marx e Friedrich Engels, publicado em 1848, ainda representa um dos esforços mais brilhantes de compreensão dos processos sociais desencadeados pela ação transformadora do capitalismo, onde a crítica social não é substituída por um discurso de denúncia moralista e de idealização do passado.

Mas hoje os tempos são outros e exigem atitudes menos saudosistas e que enfrentem os ventos da história, que anunciam novos desafios e nem sempre sopram na direção desejada. Acreditar que as boas intenções subjetivas são suficientes para mudar a sociedade é uma afronta à experiência histórica, em particular vindo daqueles que passaram pela esquerda revolucionária.

O PT construiu-se sobre o tripé de uma visão de mundo que enxergava a classe social como organizadora do tecido social, o sindicato como principal articulador dos interesses dos trabalhadores e o partido político como formulador de utopias sociais e instrumento de transformação da sociedade. Mas a dinâmica do capitalismo e as mudanças no sistema internacional nas últimas décadas — em particular a derrota do comunismo — diluíram o papel organizador das classes sociais, diminuíram a importância dos sindicatos e fragilizaram os partidos políticos.

Desde suas origens a sociologia e o socialismo percorreram caminhos paralelos. Ambos são produtos da secularização da vida social, da transferência da legitimação do poder político, anteriormente fundado em forças sobrenaturais, para a soberania popular, e da crença de que a história é produto da ação humana e não de um desígnio divino. Tanto o socialismo como a sociologia estão marcados pela vontade de conhecer, controlar e orientar a mudança social. A perda da confiança na capacidade humana de reconstrução da sociedade transformou os sociólogos, na expressão de

Bauman, de legisladores em intérpretes[1]; e o socialismo, de uma ideologia orientada para o futuro, converteu-se, no momento atual, num vale de lamentações e ressentimentos em face de um progresso que já não mais é compreensível — nem parece "progresso", pois o futuro aparenta encaminhar-se na direção errada.

A sociedade, porém, não pode viver sem marcos explicativos que ofereçam um sentido à ação social, que motivem as pessoas, que organizem suas percepções dos acontecimentos e justifiquem seus atos. O discurso dos direitos humanos veio ocupar o lugar das utopias políticas veiculadas pelos partidos, transformando o sistema clássico de representação, esvaziando os partidos políticos e transferindo para outros agentes sociais — as organizações não-governamentais (ONGs) — o papel de catalisadores da ação coletiva. O desafio deste livro é analisar esses processos a partir de um certo recorte da realidade que, destino da análise social, explica só parte da dinâmica da sociedade e deixa na penumbra outros fenômenos igualmente fundamentais. Espero que as hipóteses apresentadas possam indicar pistas para futuros estudos.

Gostaria de assinalar que as idéias aqui apresentadas são produto das discussões desenvolvidas nos seminários dados, em Paris, com Jean Michel Blanquer no Institut des Hautes Études de L'Amérique Latine (IHEAL) e com Daniel Pécaut na École des Hautes Études en Sciences Sociales. A ambos agradeço a amizade e o apoio intelectual.

INTRODUÇÃO:

O paradoxo democrático

O objetivo deste livro é contribuir para a compreensão da contradição que dilacera o mundo contemporâneo entre, de um lado, o fortalecimento da chamada "sociedade civil" e o aprofundamento dos valores igualitários — o sentimento compartilhado de interdependência e comum humanidade de todos os habitantes do planeta — e, de outro, as dificuldades dos regimes democráticos de se confrontarem com a crescente desigualdade socioeconômica e a multiplicação dos problemas sociais, em particular a violência. No Brasil e no conjunto da América Latina, essa contradição adquire uma magnitude particular em razão das expectativas desencadeadas pelo processo de democratização.

A democracia se consolidou, mas não é a democracia esperada. Este ensaio procura explorar os porquês da democracia inesperada, focalizando como ela se constrói em relação à dinâmica social, na individualização e democratização das relações sociais e na transformação dos mecanismos de representação política.

Para compreender a dinâmica institucional que sustenta essa contradição, elaborei uma série de hipóteses, que denominei "o paradoxo democrático". Tal paradoxo manifesta-se, por um lado, na enorme expansão do associativismo, dos novos direitos ligados a identidades coletivas e de organizações que se apresentam como expressão da vitalidade da "sociedade civil"; e, por outro lado, na limitada eficácia que tais processos desempenham na diminuição da desigualdade social.

A "sociedade civil" e os novos atores sociais constróem suas identidades em torno de reivindicações feitas em nome dos direitos humanos — veiculados pelo sistema constitucional, pelas

ONGs e por organizações internacionais —, à margem, em geral, das instituições da vida político-partidária. Embora a acumulação de direitos fortaleça o sentimento de dignidade de diversos grupos, o resultado das demandas realizadas pelos novos atores sociais tem se mostrado extremamente ineficaz em termos de diminuição da desigualdade socioeconômica do conjunto da sociedade.

A passagem do mundo dos direitos ao mundo da política implica negociações e escolhas, mobilização de interesses conflituosos, acordos, administração de recursos escassos, em suma, a passagem do mundo ideal ao mundo da necessidade. À medida que as novas formas de ação coletiva se sustentam seja no discurso dos direitos humanos, seja em fundamentalismos religiosos — cujas demandas, em ambos os casos, são de caráter moral, isto é, se apresentam como reivindicações com valor absoluto e não-negociável —, elas dificultam a cristalização de projetos de caráter político-partidário, provocando assim um distanciamento entre moral e política, direitos e interesses.

O processo de criação de novos direitos e sujeitos de direito transferiu para a ordem jurídica e o Poder Judiciário demandas e expectativas de redistribuição da riqueza e de reconhecimento social. Mas a judicialização do conflito social e os novos atores sociais têm limitada eficácia como instrumento de diminuição da desigualdade social, pois restringem a representação de interesses a nichos, sem uma visão do conjunto da sociedade, e fragilizam a política partidária, que é substituída por novos atores, especialmente ONGs, cujas reivindicações alcançam, em geral, um impacto mais simbólico que prático e retiram dos partidos políticos a representação do discurso moral e a elaboração de novas utopias sociais.

As pressões e expectativas crescentes transferidas para o Poder Judiciário deixam a descoberto seus limites para a resolução de problemas que exigem respostas de ordem executiva e administrativa; respostas que, numa sociedade democrática, estão fora de seu alcance e possibilidades funcionais. A explicitação de tais limitações desestabiliza o Poder Judiciário, que tende então a se dividir em razão de sua identificação com os diversos grupos sociais cujos interesses dependem de suas decisões. As ONGs, por sua vez, embora tenham um poder crescente de mobilização da opinião pública, são bastante limitadas como instrumento de pressão política e apresentam um déficit de legitimidade por não possuírem nem mandato nem representação social definida.

Os novos direitos funcionam, ocasionalmente, como direitos por *default*, ou seja, em vez de serem efetivamente cumulativos, são utilizados pelos atores sociais para suprir carências produzidas pelas insuficiências — e, por vezes, subtração — dos "antigos" direitos sociais. A situação atual é fundamentalmente o resultado de uma nova dinâmica de individualização, constituição de identidades coletivas e participação política que fragmenta a representação social e limita a capacidade de elaboração de propostas para a transformação do conjunto da sociedade.

Para entender as tendências do presente, é necessário inicialmente compreender o que mudou. Trata-se então de analisar as relações entre o novo associativismo, os processos de surgimento de novos atores coletivos e o refluxo do movimento operário e dos ideais socialistas. A atual crise da representação política é produto do crescente distanciamento entre os partidos políticos e os novos movimentos sociais (que atuam através de ONGs), da valorização do discurso dos direitos humanos (que acompanha a perspectiva simplificadora da mídia), da afirmação moralista de valores dissociados de interesses e, finalmente, do discurso que valoriza o mercado. Tanto esse discurso como aquele centrado nos direitos humanos excluem da vida política a explicitação dos interesses socioeconômicos e seu lugar nas estruturas de poder.

As novas formas de participação social em torno de causas morais "imateriais" (isto é, não referidas a relações de poder e interesses socioeconômicos precisos), como por exemplo a ecologia, o feminismo, a raça ou a etnia, fragmentam a participação social e concorrem para o distanciamento de uma visão da sociedade nacional. Diminui-se, assim, o papel da representação partidária, enquanto as políticas públicas passam a ter alvos cada vez mais fragmentados.

O desenvolvimento do paradoxo democrático está intimamente associado, como veremos, aos processos de globalização e à influência crescente do modelo societário norte-americano, mais do que a um programa específico de políticas econômicas. Tal influência, contudo, se constrói a partir das afinidades eletivas e acomodações entre os processos sociais e institucionais internos de cada sociedade nacional e os modelos disponíveis de construção institucional no plano global. Nesse contexto, sim, é fundamental a capacidade política dos Estados Unidos de impor modelos institucionais, direta ou indiretamente, através de organismos financeiros internacionais ou de fundações privadas.

Mas é no interior das sociedades nacionais que devem ser procurados os mecanismos pelos quais a desigualdade se reproduz, pois as forças externas ou tendências globalizantes são absorvidas pelo sistema institucional nacional. Sem excluir a relevância, diversa em cada caso concreto, da ação de fatores ligados à globalização e à implantação do modelo econômico neoliberal, não podemos esquecer que os níveis de desigualdade social da maioria dos países apresentam uma impressionante estabilidade ao longo do tempo. Assim, a globalização não pode ser um álibi para que se abandone o estudo da dinâmica institucional das sociedades nacionais, que continuam a ser o principal espaço de sociabilidade e, particularmente, das chances de vida e destino pessoal da maioria da população.

As sociedades latino-americanas contemporâneas absorveram certas inovações institucionais que, se por um lado introduzem modificações positivas no quadro institucional, por outro favorecem a substituição da política partidária por novos atores e identidades coletivas fragmentadas e fragmentadoras de uma visão de conjunto da sociedade, e que deslocam o conflito social para o Judiciário.

A legitimidade da ação pública nos sistemas políticos contemporâneos, sejam nacionais ou internacionais, sustenta-se no discurso dos direitos humanos. Uma vez que ele constitui o horizonte normativo do pensamento democrático atual, a crítica a seus fundamentos limita-se, no interior da tradição moderna, à relativização do mundo dos direitos humanos como um sistema cultural entre outros possíveis. Hoje, uma crítica radical dos direitos humanos só pode ser realizada por perspectivas que questionem os próprios fundamentos do pensamento reflexivo moderno, como, por exemplo, no fundamentalismo religioso, que transfere o poder político aos representantes terrenos da vontade divina. Mas não é essa discussão filosófica que nos interessa desenvolver neste livro. *Nossa problemática é a apropriação política dos direitos humanos pelas organizações e instituições sociais.* A questão sociológica colocada pelo discurso dos direitos humanos não se refere às suas eventuais limitações epistemológicas e contradições internas, mas aos usos que diferentes agentes sociais fazem dele, e suas conseqüências políticas.

O lugar que os direitos humanos ocupam como ideologia comum em torno da qual se organizam os vários discursos políticos contemporâneos, a transformação crescente do Judiciário em árbitro dos conflitos sociais e o papel de um sistema de regulação de direitos que transcende as fronteiras nacionais exigem que se repense o sistema de instituições que, tradicionalmente, repousava no interior do Estado nacional, com uma divisão mais ou menos definida de poderes e de mecanismos de resolução de conflitos. *No novo contexto, a política se judicializa, o Judiciário se constitucionaliza e as constituições se constróem em torno de valores sustentados por uma opinião pública que se globaliza.*

Trata-se, portanto, de relacionar duas disciplinas — a sociologia e os estudos jurídicos — a partir da especialidade do autor, a sociologia. Minha busca de diálogo interdisciplinar foi, em boa medida, construída a partir de um conceito central tanto para o senso comum como para a sociologia e as ciências jurídicas: o de cidadania. Assim, este livro pode ser lido como um esforço de reconstrução crítica de tal conceito, ao mostrar as razões e as conseqüências de sua associação a praticamente todos os movimentos reivindicatórios, a ponto de banalizar-se. Entender a cidadania, seus fundamentos e limites, como mecanismo central de auto-representação dos indivíduos na sociedade moderna deverá tanto permitir seu uso mais rigoroso nas ciências sociais — que tendem, por vezes, a acompanhar mimeticamente o senso comum — quanto indicar as conseqüências problemáticas da extensão da "cidadania" a qualquer reivindicação de direitos, extensão que destrói seu sentido específico, isto é, de direitos básicos que asseguram a vida democrática. Essa banalização está enraizada, como veremos, nos processos sociais de fragmentação da vida política e na perda do horizonte de projetos societários inclusivos.

A América Latina, em geral, e o Brasil, em particular, devem ser vistos como um laboratório de teoria social, pois os processos aqui analisados estão presentes em todas as sociedades capitalistas democráticas. No caso latino-americano, eles são levados ao paroxismo pela articulação com uma tendência enraizada historicamente em diversas correntes ideológicas do continente, tanto de direita como de esquerda: a desvalorização da ordem jurídica e do poder judicial. A novidade é que esta crítica já não é mais feita, como antigamente, em nome de outras ideologias, seja de corte autoritário ou de modelos alternativos de sociedade, mas sim em nome dos próprios direitos humanos, consubstanciados na ordem jurídica. Até aqueles que criticam a globalização e o "neoliberalismo" o fazem em nome do mesmo repertório de direitos humanos compartilhado pelos defensores da chamada globalização neoliberal.

1. Cidadania e direitos humanos

O estudo da cidadania apresenta, no contexto latino-americano, uma dupla dificuldade. A primeira, à qual estão submetidos todos aqueles que trabalham com esse conceito, é de caráter geral: ele carrega uma referência tanto empírica como normativa. A referência empírica compreende a cidadania tal como ela se concretiza em cada contexto histórico e social; a normativa é a cidadania como ideal, explicitada geralmente nas constituições e associada a sentimentos, expectativas e valores, mais ou menos difusos, dos agentes sociais. A segunda dificuldade é que, no contexto latino-americano, essa "bi-valência" (produtora de ambivalência e confusão analítica) acumula um segundo registro de referencial empírico e normativo. Quando as ciências sociais (e as ideologias políticas ou o senso comum) na América Latina se referem a uma cidadania ideal, fazem-no tendo como pano de fundo mental, implícita ou explicitamente, as experiências concretas de cidadania retiradas das práticas dos países avançados, que se transformam, na perspectiva latino-americana, de mundo empírico em mundo ideal.

Ao tomar como referência ideal a cidadania real que existe ou existiu na Europa ou nos Estados Unidos, a análise social entra em um jogo de espelhos, do qual é difícil se libertar, por ser gerador de múltiplas confusões entre o ideal e o real, entre o normativo e o empírico, já que mistura o ideal com realidades históricas complexas e em plena mutação. Assim, os cientistas sociais são levados a explicar — segundo uma visão idealizada desses países e que ignora a diversidade e os percalços das trajetórias nacionais — por que não chegamos a ter certas características que seriam típicas dos países desenvolvidos.[1]

O reconhecimento da especificidade de cada experiência nacional, tanto no caso dos países avançados como no dos latino-americanos, não pode obliterar o dado central de que os modelos institucionais da América Latina foram, em geral, importados. Os modelos "originais", contudo, foram eles mesmos igualmente influenciados por várias experiências nacionais e sofreram, por sua vez, permanentes processos de transformação. A construção da cidadania, seja na França ou nos Estados Unidos, no Japão ou na Alemanha, foi, e continua sendo, um processo complexo, sofrido, ziguezagueante, que não pode ser reduzido à perspectiva estática e estilizada das últimas décadas do século XX. Isso, portanto, não autoriza uma simples contraposição entre uma relativa homogeneidade (vista da periferia) das instituições democráticas dos países centrais e as dificuldades vividas pelos países em desenvolvimento. Além disso, ao lado da errônea utilização de experiências históricas concretas, as ciências sociais na América Latina também mobilizam modelos normativos de cidadania, elaborados nos países desenvolvidos, como se fossem construções abstratas, desconectadas das fontes históricas e culturais das quais se nutrem.

A conseqüência mais nociva da representação da cidadania dos países desenvolvidos como mundo ideal e desejável é sua contraposição a uma imagem de cidadania nos países latino-americanos como um mundo de carências e mistificações, o reino da desigualdade e do arbítrio. Esse maniqueísmo analítico constrói, assim, uma dupla imagem irreal: a dos países avançados e a dos países em desenvolvimento; em vez de mostrar contrastes e complexidade, a análise social se metamorfoseia em denúncia e demonização. Muitos estudos de ciências sociais, no lugar de descobrirem as formas e sentidos de construção social da cidadania a partir dos próprios agentes sociais, refletem as frustrações da intelectualidade e das classes médias locais com suas próprias sociedades. Tal atitude, embora compreensível, alimenta uma tendência secular à desmoralização das instituições democráticas existentes, e as ciências sociais perdem a oportunidade de mostrar que a América Latina é um canteiro de experiências sociais que, com os cuidados devidos, indica problemas igualmente relevantes para os países capitalistas avançados.

As diversas cidadanias

O desafio que o conceito de cidadania apresenta para as ciências sociais é o de distinguir entre o significado associado ao seu uso pelo senso comum, com forte carga normativa, e uma noção mais rigorosa que possua um valor empírico-analítico. Trata-se de um problema particularmente agudo na América Latina, onde, nas últimas décadas, a cidadania ou o "acesso à cidadania" se transformou em sinônimo de "acesso ao mundo ideal", sendo utilizado nesse sentido por praticamente todos os movimentos sociais, ONGs, mas também por empresas ("empresa-cidadã"), organismos internacionais e políticas públicas. A cidadania, portanto, passou a ser polissêmica, com conotações fundamentalmente normativas.

O primeiro passo a ser dado para deslindar o conceito de cidadania é inseri-lo no contexto e na dinâmica de cada sociedade historicamente determinada, dentro da qual ele adquire características específicas. Aqui nos interessa caracterizar a cidadania nas sociedades modernas. Ora, no mundo moderno, ela sempre esteve associada a formas diferentes de sociedade e de regimes políticos (por exemplo, a cidadania sob o fascismo, em sociedades comunistas ou em países islâmicos). Uma segunda especificação, portanto, é indicar que nossa análise centrar-se-á na cidadania em países capitalistas de democracia liberal. Como mesmo nestes países a cidadania apresenta uma diversidade histórica e nacional muito grande, é necessário identificar a variedade de mecanismos institucionais que ela apresenta, assim como as formas próprias que ela exibe na América Latina contemporânea.

O perigo deste procedimento é o de cair em um relativismo para o qual existiria uma infinidade de "cidadanias". Trata-se, então, de distinguir, pela análise teórica e comparativa, quais são, em cada momento histórico e quadro societário, os componentes básicos comuns que constituem as precondições de existência da cidadania democrática-liberal, sem os quais seria inimaginável a possibilidade de cidadania em uma sociedade capitalista democrática.

A cidadania no mundo moderno é, em primeiro lugar, um mecanismo de inclusão/exclusão, uma forma de delimitação de quem é parte integrante de uma comunidade nacional. Portanto, a cidadania é a expressão de uma construção coletiva que organiza as relações entre os sujeitos sociais, que se formam no próprio processo de definição de quem é, e quem não é, membro pleno de uma determinada sociedade politicamente organizada. Esse caráter adscritício da cidadania é geralmente ignorado quando ela é definida em termos de direitos individuais. A cidadania é uma instituição que oferece um título de propriedade particular: um bilhete de entrada para uma comunidade nacional, que dá acesso a um conjunto de direitos — bilhete que se obtém mediante um sistema de critérios (por exemplo, local de nascimento ou nacionalidade dos pais) distribuídos pelo poder constituído. Assim, o acesso à cidadania é o filtro que define quem poderá participar do sistema de direitos políticos e sociais de cada nação.

Em segundo lugar, a cidadania supõe a existência de uma comunidade cultural e social associada a uma identidade nacional. Ou seja, cidadania está associada à expectativa de compartilhar a(s) língua(s), os usos e costumes da nação (nas suas diversas variações regionais ou sociais) e o sentimento de um destino comum. A expressão clássica de tal sentimento é o serviço militar por recrutamento universal, associado à disposição de morrer pela pátria. Essa inovação surgiu com a Revolução Francesa e permitiu, a partir do inventor das guerras patrióticas imperialistas, Napoleão Bonaparte, transformar o conjunto de cidadãos em bucha de canhão anualmente renovada para as aventuras militares, que culminaram em duas guerras mundiais.

Embora a dimensão nacional da cidadania se encontre, como veremos, crescentemente questionada e em crise — sinal dos tempos: a profissionalização dos exércitos e o fim do recrutamento obrigatório —, o que gera tensões entre cidadania e comunidade nacional, a cidadania como identidade construída sobre uma comunidade histórico-cultural é ainda uma constante dos tempos modernos.[2]

Ao lado da família, a cidadania é o ponto de filiação inicial do homem/mulher moderno, define as coordenadas básicas de sua identidade, sua "origem" e seu lugar no mundo. Durante longo tempo a nacionalidade foi tomada como um dado natural, e o questionamento das ideologias igualitárias centrava-se na distribuição desigual de riqueza familiar daqueles que nasciam dentro de cada sociedade nacional. No atual mundo globalizado, a percepção da origem da desigualdade social é cada vez mais associada ao destino arbitrário de ter nascido em um país e não em outro — mais do que às diferentes possibilidades de acesso à riqueza social determinadas pelo destino, igualmente arbitrário, de ter nascido no seio de uma determinada família. Portanto, sob o ponto de vista mundial, a cidadania é uma propriedade desigualmente distribuída e o principal estratificador das chances de vida dos habitantes do mundo globalizado contemporâneo.

O metafundamento social da cidadania moderna é a dupla indivíduo–nação, ou indivíduo–povo. O cidadão constitui-se como indivíduo por ser parte de uma comunidade dentro da qual se reconhece e é reconhecido como um igual. Entre os pólos indivíduo–comunidade percorre uma tensão — que já se expressava nos embates da Revolução Francesa[3] — que se desdobra constantemente no conflito entre os que priorizam a liberdade individual e aqueles que sustentam o valor da igualdade e/ou da fraternidade.

Os componentes da dupla indivíduo–nação não mantêm entre si uma relação de exterioridade. O indivíduo é, simultaneamente, uma singularidade — que procura maximizar seus interesses pessoais pelo uso de sua racionalidade instrumental — e parte de uma comunidade sociocultural dotada de sistema de valores e sentido de pertencimento, dentro da qual ele encontra as motivações e o contexto social sobre o qual exerce sua capacidade reflexiva e suas estratégias de inserção social. Ou seja, autonomia e liberdade individual só ganham sentido e só podem existir a partir de um substrato comunitário que implica valores comuns. Se o indivíduo pressupõe a comunidade, da mesma forma a comunidade moderna só pode existir como expressão da vontade de indivíduos livres.

A formação da "comunidade nacional" foi um processo múltiplo, no qual línguas, dialetos e lealdades transnacionais foram reprimidas ou modificadas e substituídas por uma cultura homogênea, em que figurava, em primeiro lugar, a "lealdade à pátria".

Instituições associadas ao Antigo Regime ganharam novo significado e foram integradas à lógica da nova sociedade. Um dos exemplos mais expressivos foi a redefinição da instituição matrimonial e do lugar da mulher. Os princípios do liberalismo não se coadunavam com um contrato vitalício e o papel subordinado da mulher. A Revolução Francesa e o Código Napoleônico resolveram o problema ao transformarem a família e a mulher em suporte da comunidade nacional, cuja responsabilidade seria gerar os futuros cidadãos-soldados e cidadãs-mães[4], e cuidar deles. A subordinação da mulher às necessidades da comunidade nacional a transformou na Marianne, símbolo da nação: a figura feminina converte-se na principal forma de representação visual da pátria. Somente por um longo processo de lutas sociais as mulheres conseguirão se constituir em indivíduos e se dissociar do papel de reprodutoras a serviço da nação.

A cidadania é, portanto, um conceito escorregadio, pois é o ponto de encontro do indivíduo e da comunidade, o mecanismo que permite ao indivíduo ao mesmo tempo reivindicar sua condição singular, sua liberdade pessoal, e afirmar seu pertencimento a um grupo. O pertencimento implica reconhecer que sua individualidade depende dos rumos da comunidade (ou da sociedade nacional), já que o destino do conjunto afetará seu próprio destino e que a cidadania nunca pode ser passiva e auto-referente, ainda que limitada à defesa da liberdade individual. Nas sociedades democráticas, a esfera pública é o espaço político em que se dá a passagem da vontade individual à vontade coletiva, o lugar onde os indivíduos negociam seus interesses pessoais e suas representações do bem comum.

A dupla indivíduo–nação também nos remete a diferentes tradições de construção da cidadania, em particular a duas grandes vertentes: a Revolução Norte-Americana e a Revolução Francesa. Enquanto a primeira possuía um caráter fundamentalmente político — seu objetivo central era assegurar aos cidadãos a proteção diante do Estado, de forma que cada indivíduo usufruísse ao máximo sua liberdade —, a segunda procurou reconstruir a ordem social, e para isso conferiu ao Estado um papel ativo na realização dos valores comuns da sociedade.[5] A Revolução Norte-Americana se associa à tradição liberal, com sua ênfase no indivíduo e sua desconfiança do Estado, enquanto a Revolução Francesa nos remete à tradição republicana, em que são fundamentais a participação política e o papel ativo do Estado como expressão da vontade do povo e fiador dos valores de solidariedade e fraternidade, veiculados por um conjunto de instituições sociais (em particular a escola). A essas duas visões se agregou posteriormente o socialismo-republicano, cujos valores de igualdade tinham como principal promotor e sustentação a classe operária.

Os dois princípios entrelaçados — o da comunidade e o do indivíduo — embasam as duas idéias fundadoras da cidadania moderna: a soberania do povo e a igualdade dos cidadãos perante a lei. O princípio da comunidade implicou um rompimento radical com a tradição segundo a qual o poder temporal seria expressão da vontade divina ou de outro fundamento transcendental[6]. Na visão moderna, o poder e as leis são representados como emanações da própria sociedade, e seus eventuais representantes exercem um poder por delegação do povo. O princípio do indivíduo significou que a nova entidade soberana, o povo, se apóia em indivíduos iguais perante a lei, com a mesma parcela de direitos e obrigações.

A cidadania é uma realidade histórica e, como tal, transformou-se no decorrer do tempo, à medida que foi absorvida por sociedades com tradições e estruturas sociais diversas. Apesar da grande variedade de experiências concretas, ou por causa delas, desenvolveram-se modelos que procuravam sintetizar a trajetória da cidadania. O modelo de T.H. Marshall,[7] o mais difundido, continua, a despeito das inúmeras críticas que sofreu, a ser a referência de boa parte da bibliografia especializada, em particular a de origem anglo-saxônica, razão pela qual lhe dispensaremos um tratamento mais detalhado.

Segundo Marshall, a cidadania teve como motor a expansão do ideal de igualdade jurídica para as esferas política e econômica. A igualdade perante a lei teria promovido a luta pela igualdade de condições de participação política (o voto universal), e esta teria permitido o avanço dos direitos sociais. Para Marshall, a cidadania social no capitalismo se fundamenta na contradição entre o sistema legal e político, que assegura a igualdade entre os cidadãos, e o sistema econômico, que se funda na desigualdade de acesso à propriedade. Os direitos políticos, e posteriormente os direitos sociais, permitiriam compensar a defasagem entre os dois sistemas, objetivando não a igualação socioeconômica dos cidadãos, mas a igualdade de chances, a de segurança mínima e a proteção aos setores mais frágeis da sociedade (crianças, deficientes, idosos, desempregados).

O modelo de Marshall foi criticado por ser uma generalização de uma experiência particular — a britânica —, por sua visão evolucionista unilinear, seu otimismo ingênuo e seu fatalismo histórico (alternativas ao modelo liberal/social-democrático, como o nazismo e o comunismo, foram derrotadas, mas esse destino, como indica Mann,[8] não era predeterminado). Marshall igualmente não previu outros tipos de direitos (como os ecológicos, os culturais e os de minorias sexuais), nem a crise do estado de bem-estar que se desencadearia duas décadas após a divulgação de sua famosa conferência.

O trabalho de Marshall é amplamente utilizado nos estudos sobre a cidadania na América Latina para mostrar que os processos de formação de direitos no continente foram totalmente diferentes do europeu. O problema é que o modelo estilizado de Marshall não é reproduzível, na prática, em nenhum país europeu, não somente nos países mediterrâneos (na Espanha, na Itália e em Portugal boa parte dos "direitos sociais" foram implantados por regimes autoritários), mas também na Alemanha, onde os direitos sociais foram uma invenção de um sistema político que não tinha universalizado os direitos civis. Até mesmo no Reino Unido o avanço dos direitos não foi um processo endógeno natural, mas esteve associado às transformações sociais produzidas pela participação em duas guerras mundiais e ao prestígio que a União Soviética, nas eleições de 1944, transferiu ao Partido Trabalhista. Nos Estados Unidos, a plena integração civil dos negros foi muito posterior à implantação das políticas sociais do governo de Franklin Roosevelt.

Portanto, se a América Latina não acompanha o modelo idealizado por Marshall, isso não representa uma anomalia que necessite ser explicada como tal. Todos os processos de formação de cidadania são particulares, assim como a estrutura econômica do capitalismo de cada país apresenta suas próprias nuanças.

Mas o principal problema teórico que Marshall deixou de enfrentar foi o da complexa relação entre os diferentes direitos. No lugar de um processo de harmonização de valores igualitários, a história dos direitos do cidadão apresenta, desde suas origens, uma constante tensão em torno da possibilidade de harmonizar os vários tipos de reivindicações que surgem permanentemente a partir das transformações sociais e das novas apropriações e interpretações do discurso dos direitos humanos.

Cidadania e as antinomias dos direitos humanos

Como indica Bobbio,[9] os diversos tipos de direitos (legais, políticos, sociais) expressam tipos de relação diferentes entre o cidadão e o Estado. Enquanto os direitos civis se desenvolveram fundamentalmente como mecanismos de defesa do cidadão *contra* o poder discricionário do Estado, os direitos políticos são expressão da *integração/participação* do cidadão dentro do Estado, e finalmente os direitos sociais são *demandas* do cidadão ao Estado. Do ponto de vista sociológico, essa dinâmica de formação de direitos foi um processo de institucionalização de mecanismos de integração daqueles grupos sociais que o capitalismo, inicialmente, condenara à subordinação e/ou à pobreza.

Diferentes direitos estão associados a diferentes valores, e sua implementação pode significar, novamente seguindo Bobbio, antinomias. Por exemplo, o direito de propriedade pode entrar em contradição com direitos distributivos, o direito de fumar ou de se drogar pode estar em desacordo com políticas de saúde pública, o direito à informação pode divergir do direito à privacidade, e assim por diante. O caráter antinômico dos direitos deve encontrar uma solução coerente no plano do ordenamento jurídico, em particular nas sociedades modernas regidas pela tradição do Código

Napoleônico, nas quais a vontade de monopolização do Direito pelo Estado está associada a uma sistematização e completude do ordenamento jurídico, no qual ao juiz cabe apenas a função de aplicação das leis. Acontece que, como veremos, à medida que os direitos se diversificam, aumenta o espaço discricionário do juiz ou das cortes constitucionais como última linha de interpretação e de decisão quanto à ordem de prioridades dos valores expressados pela legislação.

É importante assinalar que o caráter antinômico dos direitos se manifesta nos problemas de aplicação de valores que se apresentam como absolutos. Deve ser distinguido, portanto, das antinomias políticas, isto é, do jogo de interesses e da percepção que os atores têm do impacto desses valores. Assim, tanto a passagem da cidadania civil à cidadania política como a da cidadania política à cidadania social levaram pânico a uma parte das classes dominantes, temerosas de que o voto universal ou os novos direitos sociais significassem o fim da propriedade privada. A história do capitalismo liberal, e em particular, mas não só, da América Latina, é permeada de tentativas para limitar o acesso universal ao voto e de golpes de Estado que anularam a vontade das urnas.

O reconhecimento das conseqüências antinômicas na aplicação dos valores que sustentam os vários direitos é fundamental para se compreender a dinâmica política, social e ideológica da modernidade, e indica a necessidade de não se confundir direitos (como sistema de valores) com Direito (como ordenamento jurídico). Este último sempre representará uma solução de caráter prático, precária, de harmonização de valores antinômicos — e, portanto, um esforço de delimitar e hierarquizar valores expressados nos "direitos", em sentido genérico, valores que possuem, cada um deles, um caráter absoluto do ponto de vista ético.

A base da antinomia de valores dos direitos humanos encontra-se na dupla reivindicação fundadora da modernidade: a do pleno exercício da liberdade individual e a da igualdade entre todos os cidadãos dentro de uma comunidade nacional. A primeira supõe valores individualistas, enquanto a segunda, valores supraindividuais solidários; a primeira supõe um Estado que vele por assegurar a liberdade de cada um, e a segunda, um Estado que garanta o acesso dos mais desfavorecidos a condições mínimas de integração na vida social.

Historicamente, foram em geral as classes proprietárias as que procuraram limitar o programa da modernidade capitalista à defesa da liberdade individual, enquanto as classes populares avançavam a bandeira da igualdade e da justiça social. Como ampliar os interesses comuns sem diminuir ou destruir as liberdades individuais é o dilema constitutivo da modernidade liberal, dilema para o qual filósofos, cientistas políticos e ideólogos procuram respostas definitivas, mas cuja solução sempre será precária e mutante. E, se esse dilema não apresenta uma resposta consensual e definitiva, a história apresenta uma lição negativa: todo esforço para eliminar um direito em nome de outro, para construir uma sociedade igualitária sem indivíduos livres ou afirmar a liberdade individual mas sem senso de solidariedade, transforma a sociedade — seja em prisão, seja em selva.

O conflito, em geral virulento (pelo menos na percepção dos atores sociais), entre liberdade individual e igualdade social — ou, como denominam Luc Ferry e Alain Renaut,[10] direitos-liberdade versus direitos-credores (isto é, credores do Estado), denominados também de direitos materiais — percorreu a história política moderna e ganhou sua expressão clássica no confronto do liberalismo com o socialismo e o comunismo. Os diversos esforços de criação de modelos societários navegaram, e ainda navegam, entre aqueles que, em nome dos direitos individuais, se recusam a aceitar que o Estado garanta uma maior igualdade e aqueles que, em nome da igualdade, se dispõem a delimitar, ou mesmo eliminar, as liberdades individuais. Mas os termos dessa síntese mudam à medida que, como veremos, se redefinem os atores sociais e os tipos de igualdade demandada.

Na tradição socialista clássica, em particular aquela associada à obra de Marx, as críticas às liberdades civis e políticas foram formuladas em nome da realidade social encarnada pelo proletariado na Europa de meados do século XIX. Para Marx, a igualdade perante a lei era uma mistificação que mascarava a efetiva desigualdade de condições de vida. O "homem" ao qual se refere o discurso dos direitos humanos, segundo Marx, é o indivíduo egoísta, isolado e separado da coletividade. O movimento comunista — e parte do movimento socialista — nunca conseguiu se desvencilhar completamente da idéia de que os direitos individuais e o sistema jurídico moderno estão a serviço das classes dominantes.

Na América Latina, a versão local dessa perspectiva, até os anos 70, incluía a visão de que o Judiciário (e, em geral, também o Legislativo) estava a serviço da oligarquia e do imperialismo, e de que as reformas necessárias para assegurar o desenvolvimento econômico e políticas distributivas exigiriam governos fortes e a destruição das instituições liberais "burguesas".

Como mostrou Claude Lefort,[11] a visão marxista se sustenta numa visão de mundo que reduz a sociedade a relações de exploração e dominação. Nesse universo não existiria lugar para a política, a não ser sob uma súbita explosão revolucionária, pois são precondições da vida política a liberdade de pensamento, de expressão e de organização, a autonomia individual e a existência de um espaço público e formas civilizadas de oposição — em suma, uma esfera jurídica autônoma é condição da reinvenção constante do social, inclusive de defesa, expansão e criação de novos direitos.

Embora nos países latino-americanos a experiência das ditaduras militares dos anos 70 e 80 e a queda do comunismo tenham motivado a conversão dos intelectuais de esquerda a uma ideologia centrada nos direitos humanos, ainda permanece uma ampla zona obscura sobre a relação entre direitos humanos e as instituições que devem sustentá-los, zona alimentada pela extrema desigualdade social e pela brutal diferença no acesso aos órgãos de justiça, bem como pela corrupção e pela desmoralização da vida política. Persistem também um ranço de marxismo antiliberal, uma associação da democracia liberal à hegemonia dos Estados Unidos e o fascínio por regimes autoritários que desenvolvam políticas sociais igualitárias e/ou apresentem um discurso de confrontação com a globalização econômica e cultural, ainda que isso envolva a supressão das liberdades individuais, de expressão e de organização política, sindical e criação cultural.

Se, em nome da igualdade, a "esquerda" se dispôs a sacrificar as liberdades individuais, a "direita", apavorada com o avanço das reivindicações dos setores populares, procurou limitar, primeiro, o acesso ao voto, em seguida a organização sindical e, finalmente, a formação de partidos políticos de base operária. Na América Latina — e também em vários países europeus —, parte da direita se propôs a apoiar a bota militar ou os grupos fascistas, sacrificando as liberdades civis para frear o avanço dos direitos sociais.

Contudo, ainda que os argumentos da esquerda e da direita possam ser associados a visões ideológicas unilaterais, os problemas teóricos e práticos apresentados por ambas as partes são legítimos: de que vale a liberdade civil e política sem um mínimo de condição de acesso aos bens da civilização e chances efetivas de competir no mercado de trabalho? Por outro lado, a solidariedade não pode ser uma justificativa para que o Estado concentre um enorme poder discricionário e expanda sua área de atuação para campos que afetem a liberdade política.

A crescente complexidade do ordenamento jurídico desde inícios do século XX, com a absorção dos novos direitos sociais, deu lugar a uma reação liberal em torno da dificuldade de o Judiciário continuar a manter seu lugar específico no sistema político. À medida que o ordenamento jurídico passa a ser depositário de direitos materiais, o Judiciário se afasta da defesa dos valores básicos e universais da sociedade, para transformar-se em mais um ator político. Sob uma perspectiva conservadora, Max Weber já lamentava essa "substancialização" do Direito, mas ela é retomada quase um século depois por Habermas na crítica à colonização da sociedade pelo Estado.[12]

Nesse início de século XXI, no lugar do modelo de Marshall, de um conjunto de formas de cidadania que vão se acumulando, o que se apresenta é um processo bastante diferente, de implosão de direitos, com a transformação dos direitos civis e políticos pela inclusão de novos sujeitos sociais (gênero, crianças, minorias sexuais), o surgimento de novas esferas de direitos (como ecologia, reprodução, informação) e uma constante mutação (e por vezes declínio) de direitos sociais aparentemente consolidados, em particular os ligados ao mundo do trabalho.

O marco proposto por Marshall, de um conceito de cidadania civil e política completada pela cidadania social, fazia sentido uma vez que esta última se referia a um conjunto de direitos que ainda não possuíam a mesma abrangência dos direitos civis e políticos — podiam ser vistos, de certa forma, como uma ampliação destes, já que o direito à propriedade é um componente central de acesso à vida civil. Efetivamente, os direitos sociais relacionados ao mundo do trabalho constituíram uma maneira de permitir a socialização da propriedade, através do que Robert Castels denomina o acesso à "propriedade social".[13]

Assim, se retomamos a problemática inicial dos mecanismos fundamentais que são precondições da existência da cidadania, pelo menos na atual fase de crise da "síntese social-democrática" de pós-guerra,[14] em que os próprios direitos do trabalho se fragmentaram e ocupam um lugar cada vez menor em relação a uma miríade de novos direitos, talvez seja necessário que se recupere a distinção entre os direitos fundamentais, que permitem o exercício da cidadania, e aqueles associados a grupos e reivindicações específicas.

Em face da multiplicação de direitos, ou bem se acompanha o senso comum — e se passa a definir cada um deles como uma nova "dimensão" de cidadania, transformado-a em sinônimo de "direitos" —, ou se lhes atribui um sentido teórico e político preciso. Sem questionar a legitimidade de qualquer conotação que o senso comum empresta à noção de cidadania (e a análise dos diversos usos e formas de apropriação desse termo é um importante campo de pesquisa para a ciência social), do ponto de vista analítico podemos identificar em torno da cidadania dois conjuntos bastante diferentes de direitos.

O primeiro núcleo é constituído por direitos civis e políticos, que afetam de forma universal todos os cidadãos. Porque afirmam a igualdade de todos os indivíduos, esses direitos são precondições da vida democrática e da luta por direitos específicos. O segundo núcleo refere-se a demandas de grupos sociais específicos, geralmente direitos-credores, e que muitas vezes são precondições do usufruto efetivo dos direitos civis e políticos.

Tal distinção possibilita analisar a tensão sistêmica que se estabelece entre os mecanismos básicos que asseguram a existência da cidadania nas sociedades capitalistas liberais e os novos direitos que surgem e se legitimam em nome dos direitos fundamentais. Igualmente, permite estudar a dinâmica de transformação gerada à medida que o sistema absorve novos direitos. Nas sociedades capitalistas democráticas, delimitar a cidadania aos direitos civis e políticos não implica negar a relevância social ou moral de outros direitos, nem esquecer que os direitos civis e políticos sofrem constantes transformações no decorrer da história. A distinção entre direitos associados à cidadania e direitos específicos tem como função teórica criar um marco de referência que permita analisar o impacto da demanda por novos direitos — geralmente referidos a grupos sociais específicos — sobre as condições básicas de reprodução do sistema político-jurídico das sociedades modernas.

Essa perspectiva nos permitiria enfrentar um problema central das sociedades contemporâneas: a passagem de "direitos" ao Direito. Este último não pode ser visto como uma simples tradução de demandas sociais "reais" numa linguagem jurídica formal. Para ser efetiva, a passagem requer um duplo movimento. O primeiro, que será discutido mais adiante, de elaboração política e institucional dos novos direitos, de forma a serem assumidos efetivamente pelo ordenamento jurídico e pelo sistema institucional do Estado depois de serem elaborados pelo sistema partidário, que os integra na agenda política. O segundo movimento é de integração dos novos direitos na linguagem e nas categorias específicas do Direito, que implica, como veremos a seguir no exemplo do direito do trabalho, reconhecer que as categorias do direito não são um simples reflexo de realidades sociais, que elas se sustentam em outro tipo de abstração e linguagem discursiva, em particular na categoria abstrata de indivíduo como sujeito legal, sobre a qual se assenta a sociabilidade moderna

II. Dos direitos trabalhistas ao direito das minorias

A contradição entre direitos-liberdade e direitos-credores percorre a história política moderna. Durante dois séculos na Europa e um século na América Latina, o centro de gravidade do conflito social em torno dos direitos-credores foi a integração do operariado — ou, em termos mais gerais, do mundo do trabalho — à ordem jurídica e política da sociedade moderna. Tal integração está associada às lutas dos sindicatos, movimentos sociais e partidos políticos pelo acesso de todos os cidadãos a um conjunto mínimo de bens, e ela se deu, na maioria das vezes, através da mobilização de símbolos inclusivos, nacionais e mesmo nacionalistas, ou até dentro de um horizonte de ideais internacionalistas. Como veremos, hoje são outros os grupos sociais, os tipos de reivindicações e símbolos mobilizados, distantes das referências do Estado nacional e da utopia socialista, centrada no movimento operário.

O foco aqui é o ocaso desse conflito, em sua forma dominante, durante os séculos XIX e XX, entre trabalhadores e empregadores. Antes de avançar na direção dos processos contemporâneos, é importante indicar como algumas das tendências que nos parecem hoje inéditas constituem resposta a problemas herdados — com os quais, portanto, têm continuidade — e foram parcialmente tecidas durante a luta pela expansão dos direitos sociais ligados ao mundo do trabalho.

A passagem do contrato de trabalho aos direitos sociais

Os valores de justiça social são anteriores ao discurso da modernidade, construído em torno da idéia de direitos subjetivos, isto é, da noção segundo a qual cada indivíduo é um sujeito portador de direitos, num mundo em que a ordem jurídica está totalmente separada das instituições religiosas e fundamentado num acordo racional entre os membros de uma comunidade.[1] À diferença dos direitos individuais, a reivindicação de "direitos sociais" está profundamente ancorada na história humana. Na Bíblia e no Novo Testamento não faltam exemplos de orientações ligadas ao bem-estar dos pobres. Mas se a preocupação com o "social" não supõe direitos individuais, o contrário é igualmente verdadeiro, inclusive na atualidade. Que liberdades individuais e justiça social não são necessariamente convergentes, é fato claramente exemplificado por sociedades asiáticas, como Cingapura, Taiwan ou Coréia, dominadas durante décadas por regimes autoritários, mas nas quais a desigualdade social é muito menor que nas sociedades liberais anglo-saxônicas contemporâneas ou, até mesmo, na Europa continental.

A constituição de mecanismos de justiça social num mundo de indivíduos, isto é, num mundo em que o indivíduo é o único sujeito legítimo de direitos, que se relaciona com seu próximo a partir de contratos estabelecidos livremente, foi historicamente uma tarefa formidável e altamente complexa. Enfrentar o desafio de sustentar a tensão entre os valores de liberdade individual e solidariedade — sem cair nas respostas autoritárias do comunismo e do fascismo — permitiu a humanização do capitalismo e a construção do estado de bem-estar social.

Como mostra Alain Supiot,[2] a contradição que o direito do trabalho teve de resolver é aquela inerente a um contrato em que indivíduos livres e iguais aceitam relações de subordinação e obediência. Ela leva a uma discussão do que seja o trabalho: um atributo da pessoa ou uma coisa? O que está sendo submetido é o trabalho ou o trabalhador? Enfrentar a contradição implicou fundar e legitimar o espaço de uma nova área do direito: o direito do trabalho.

Supiot mostra como as soluções jurídicas para a construção do direito do trabalho variam de acordo com as diversas tradições nacionais. Assim, por exemplo, no direito consuetudinário anglo-saxão, com sua ênfase nas questões de procedimento e soluções contextuais, o direito do trabalho se constituiu em torno das situações variadas e tipos diferentes de "serviços" prestados. Na tradição francesa, enraizada na romana, procuraram-se soluções inclusivas, a partir de uma definição abstrata de trabalho e da diferenciação clara entre indivíduo e coisa. A ênfase é na liberdade individual das partes, inclusive de negociar sua força de trabalho, o que caracteriza um movimento de ruptura radical com a tradição medieval. Finalmente, o Direito germânico, enraizado na tradição pré-moderna de reconhecimento de que contratos de trabalho implicam criação de laços pessoais e obrigações mútuas de proteção, aceita a figura da comunidade, além do indivíduo e do Estado. Enquanto a visão centrada no indivíduo tem dificuldade de reconhecer no contrato de trabalho algo mais que uma relação entre homens livres, na perspectiva comunitária o trabalhador adquire uma posição estatutária, como membro da comunidade de trabalhadores, dentro da qual o contrato de trabalho individual ocupa um lugar subordinado. Assim, o foco da relação contratual individual é deslocado para a empresa, como uma comunidade que une empregados e empregadores.

A história do direito do trabalho, em particular na tradição individualista difundida na Europa pelo código napoleônico, é o processo de reconhecimento da particularidade do contrato de trabalho e a exigência de uma regulação específica que limite sua arbitrariedade, pela aceitação de que, embora se trate de um contrato entre indivíduos livres, ele põe em jogo não só o trabalho como também o trabalhador. Ou seja, a "coisa" trabalho não pode ser distinguida da "pessoa" trabalhador. O contrato de trabalho, portanto, deve levar em consideração não só o objeto em si — a prestação de um serviço cuja contrapartida é uma remuneração — mas também o prestador do serviço. Como bem sabemos, essa história está intimamente associada à luta dos movimentos sociais, sindicatos e partidos políticos socialistas.

Esse conflito acarretou uma tensão entre o lugar central dado ao indivíduo como categoria fundante do direito moderno e a integração de categorias sociais coletivas, possuidoras de um status ("trabalhador"), as quais o liberalismo clássico procurou inicialmente jogar no lixo da história. O reconhecimento de categorias coletivas transformou o trabalhador em uma categoria jurídica, o que permitiu, primeiro, a legalização dos sindicatos, vistos anteriormente como um monopólio que impedia a livre negociação individual, e finalmente a integração das diferentes organizações coletivas dos trabalhadores nas negociações de salários e condições de trabalho.

O efeito dessa transformação implicou a modificação da noção de patrimônio — o conjunto indivisível de bens e obrigações de uma pessoa —, visto até então como uma simples extensão do indivíduo. Como definir o trabalho: como um objeto, um patrimônio da própria pessoa, portanto uma mercadoria negociável à discrição de cada sujeito — cuja conseqüência potencial última seria um contrato de escravidão —, ou como uma categoria que remete aos direitos inerentes à pessoa? Como indica Supiot, "a história do direito do trabalho foi a da redescoberta progressiva da dimensão pessoal desse bem, que conduziu ao primeiro plano, não o trabalho como bem, mas o trabalhador como sujeito de direitos".[3] Por trás do direito do trabalho se encontra a idéia revolucionária — que fundará posteriormente a legislação de defesa do consumidor — segundo a qual um contrato só pode ser válido quando realizado entre duas partes livres em igualdade de condições de negociação.

A integração desses direitos e o reconhecimento de novos atores, como os sindicatos, desdobraram a pessoa "trabalhador" em sujeito e objeto do contrato de trabalho. Isso implicou aceitar-se que o processo de intercâmbio de mercadorias (no caso o contrato de trabalho) inclui valores não-patrimoniais, em particular o substrato do corpo da pessoa empregada.[4] Esse processo foi realizado sem deixar de lado a personalidade jurídica individual como base da regulação social.

Tal revolução no direito acarretou uma profunda transformação do capitalismo, que, vale lembrar, fora teorizado por Marx na suposição de que o contrato de trabalho pode ser reduzido a um intercâmbio puramente mercantil.[5] Na sociedade capitalista, porém, o contrato de trabalho passou a ser mediado por um sistema de regulação social que uniformiza as condições e os limites dentro dos quais ele é válido, e portanto delimita as características de um acordo contratual mercantil entre duas partes livres. Com o direito do trabalho, as relações sociais de produção passaram a ser mediadas pelo sistema político-jurídico, e os interesses e o destino dos assalariados foram integrados na dinâmica do sistema democrático.

Reconheceu-se que o trabalho não pode ser dissociado do trabalhador, ou, enunciado em outros termos, que todo trabalho engaja um trabalhador (o que, por sua vez, significa o reconhecimento de sua "materialidade", isto é, se é criança ou adulto, homem ou mulher, doente ou grávida, e assim por diante). Assim, a primeira preocupação da legislação trabalhista foi com o corpo do trabalhador, a necessidade de dissociar o uso do trabalho do uso do corpo, isto é, de proteger o corpo do trabalhador de sua destruição pelo trabalho ou durante o trabalho (a "medicalização" do corpo do trabalhador esteve inicialmente associada às horas de trabalho — e de sono — e aos acidentes de trabalho, que eram epidêmicos na Europa do século XIX).

A regulação política e a legislação do trabalho enfrentaram o problema, em parte, responsabilizando o empresário pelas condições de trabalho, mas fundamentalmente utilizando o mecanismo do "seguro social" universal. Tal mecanismo, depois estendido à aposentadoria e aos desempregados, foi, como mostra François Ewald[6], resultado do uso dos conhecimentos de estatística, em particular através das técnicas comerciais aplicadas nos seguros, para solucionar problemas sociais. Assim, foi possível a socialização dos custos dos acidentes de trabalho e, posteriormente, da velhice, assim como da subsistência do desempregado. O direito do trabalho levou, como vimos, à complexificação da idéia de contrato, mas também, como mostra Ewald, a uma mudança radical na noção de responsabilidade. Enquanto no código civil napoleônico a noção de responsabilidade civil estava originalmente associada à idéia de "falta" e de responsabilidade subjetiva, no caso do contrato de trabalho o acidente deixa de ser vinculado a uma responsabilidade pessoal do trabalhador e passa a ser considerado responsabilidade "objetiva", ou mesmo passa a ser responsabilidade do empresário, porque se reconhece que o trabalhador, durante o processo de trabalho, alienou sua liberdade.

O processo de afirmação de uma identidade jurídica é concomitante à afirmação identitária do trabalhador como um grupo social específico, ou seja, da invenção da categoria moderna de trabalhador. Mas o inverso também é verdadeiro: *o enfraquecimento identitário é acompanhado por uma transformação dos direitos*. E se o direito do trabalho criou a abstração jurídica do trabalho, também aceitou as distinções profissionais, que, por sua vez, reforçavam diversas estratégias, de empregadores e empregados, procurando seja a divisão da categoria, seja a obtenção de vantagens diferenciadas para cada grupo. Assim, trabalhadores braçais e empregados, funcionários públicos e do setor privado, condições de empregos insalubres e as particularidades da maternidade, para citarmos apenas alguns exemplos, associaram as diferenças a direitos, fragmentaram o mundo do trabalho e fortaleceram o corporativismo das categorias profissionais. Posteriormente, integraram-se ao direito do trabalho categorias de assalariados ligados aos quadros superiores da hierarquia das empresas, e nas últimas décadas, a partir das novas formas de gestão e flexibilização do emprego, foram reguladas as mais variadas formas de trabalho precário e de auto-emprego.

O direito do trabalho gerou um movimento que terminou por produzir uma nova percepção sobre os direitos sociais. Reconheceu-se que acima dos direitos específicos associados ao contexto do trabalho encontra-se uma pessoa humana, ou mais especificamente um concidadão, com o direito a se reproduzir, independentemente de ter trabalho ou não — incluindo aqueles que por alguma razão (por exemplo, doença ou idade), não conseguem obter uma renda mínima vital. Isso resultou, finalmente, na extensão dos direitos originados no mundo do trabalho (incluindo uma renda mínima, aposentadoria e serviços médicos) a todos os cidadãos, o que configurou o estado de bem-estar social.

Ao se criar um mínimo de direitos à segurança e ao bem-estar, impulsionaram-se as tendências à fragmentação dos direitos dos trabalhadores por categorias e subcategorias específicas. Os empregadores, dada a existência de um sistema de proteção social universal, procuram, em suas empresas, flexibilizar e individualizar ao máximo os contratos de trabalho e a barganha salarial, recuperando parte do espaço perdido com a expansão do poder sindical.

Nesse novo contexto, enquanto os trabalhadores mais qualificados perseguem estratégias cada vez mais individualizadas e outros grupos — em particular os funcionários estatais — defendem direitos corporativos, os trabalhadores desqualificados perdem sua capacidade de barganha, a dignidade e o reconhecimento social. Retorna-se à sensação de que trabalho é uma mercadoria desprovida de qualidades subjetivas. O resultado é o crescente enfraquecimento dos sindicatos e da importância das barganhas coletivas — e, em última instância, o desmantelamento das identidades associadas ao mundo do trabalho.

O direito do trabalho — e aí está sua importância — revolucionou as categorias fundamentais do mundo jurídico, tal como postulado pela democracia liberal,* e abriu as comportas para a posterior implosão de direitos.

Em primeiro lugar, redefiniu a distinção entre desigualdade e hierarquia. Embora a hierarquia — existência de posições diferentes na cadeia de comando — seja permitida, o que inclui o reconhecimento de um amplo espaço de indeterminação no contrato de trabalho a ser preenchido circunstancialmente, ela não pode dar lugar a um poder que autorize o tratamento desigual, isto é, a lei não permite a discriminação entre trabalhadores por critérios externos ao mundo do trabalho. Assim, o contrato de trabalho institui a hierarquia entre iguais — relações de subordinação e de limitação do exercício da vontade individual —, mas exclui a discriminação.

Em segundo lugar, o direito do trabalho reconheceu uma fraternidade objetiva assumida pelo Estado — portanto, uma responsabilidade solidária fora da esfera privada, em particular da família

* Isso inclui a tradição jurídica estadunidense, em que a Suprema Corte de Justiça, durante anos, tenta se opor à legislação social introduzida por Franklin Roosevelt.

—, que cria uma nova figura coletiva de cidadania, cuja expressão são os direitos sociais a uma segurança mínima. Contudo, essa figura fraternal é construída como uma estrutura racional, pelo reconhecimento da interdependência do sistema social, e não como produto de novos sujeitos coletivos subjetivamente solidários. Mesmo a participação sindical ou em greves é, nos códigos de trabalho liberais, um direito e não uma obrigação. Essa visão foi questionada pelo direito de origem fascista* — que procurou recriar instâncias coletivas intermediárias obrigatórias entre o indivíduo e o Estado — e desprezada pela tradição socialista revolucionária, que via nesses direitos uma nova forma de dominação e de mistificação da exploração à qual estava submetida a classe trabalhadora.

O direito do trabalho foi um esforço de integrar as dimensões coletivas e solidárias da vida social nas categorias jurídicas da modernidade, fundada no valor dos direitos individuais universais — processo altamente complexo, pois, como indica Supiot,[7] o valor jurídico da igualdade não pode ser confundido com a ideologia do igualitarismo social, confusão facilitada pela utilização, em ambos os casos, da noção de igualdade. A introdução de valores de igualdade material — implicitamente reconhecidos pelo direito do trabalho e que exigem a intervenção reguladora do Estado — tem como objetivo restabelecer a plena vigência da igualdade jurídica e requer o reconhecimento da tensão entre a dimensão social e a jurídica, sob pena de se destruírem os valores de igualdade universal perante a lei, a propriedade privada e o mercado.

O direito pode pecar por excesso ou por timidez. No primeiro caso, ao judicializar categorias sociais particulares (como, por exemplo, desempregados), o que pode ocasionar a consolidação do status e estigmatização de certos grupos sociais que se pretende promover; no segundo caso, ao permitir o aprofundamento das desigualdades sociais, o que pode afetar, na prática, o funcionamento efetivo das categorias jurídicas de igualdade.

---

* No caso latino-americano, a introdução de uma legislação trabalhista de inspiração fascista adquiriu contornos próprios, dada a especificidade dos contextos societários locais.

O sentido do coletivo, instaurado pelos direitos sociais, criou para os trabalhadores uma autonomia que eles não possuíam como indivíduos diante do empregador, sem contudo negar que eles continuem sendo pessoas jurídicas individuais autônomas. A ordem pública instaura, assim, "liberdades individuais de agir coletivamente".[8] O objetivo último do direito do trabalho é o mesmo do direito civil: "civilizar" as relações sociais no interior da empresa, substituindo relações de força — que põem em risco a própria segurança dos indivíduos — por relações de direito, provocando a transformação do trabalho e da empresa em objetos de direitos.

A importância do direito do trabalho é que ele reconhece a tensão entre os "direitos-liberdade" e os "direitos-credores", entre as dimensões sociológica e jurídica das demandas sociais por direitos, sem confundir as especificidades das categorias de cada um. Como indica Supiot, a racionalidade jurídica não pretende refletir nem resolver as diversas desigualdades sociais concretas no interior da sociedade, mas fornecer instrumentos jurídicos para uma resolução justa de conflitos.

O mundo das desigualdades materiais vincula-se a uma diversidade de relações de força em permanente mutação no seio da sociedade, sobre as quais o direito tem uma limitada capacidade de agir. Supor que o direito possa dar uma resposta a cada situação concreta implicaria destruir as regras universais que permitem a cada sujeito possuir seu caráter de indivíduo autônomo. Caso contrário, o direito se dissolveria na sociedade ("representada" pelo Estado, no caso das sociedades autoritárias), o que resultaria no reino do arbítrio e da destruição das bases da autonomia do indivíduo e das liberdades fundamentais. Como indica Supiot, "a legalidade supõe um corte entre as regras do direito e outras regras sociais".[9]

O sujeito jurídico é uma construção abstrata (na prática existem pessoas concretas, cada uma com suas características específicas), uma ficção que se reconhece como tal, mas que habilita o conjunto dos indivíduos a participar das regras do direito, as quais atribuem "a cada indivíduo um lugar, uma identidade, isto é, a qualidade de sujeito de direito."[10] A promoção de direitos deve se orientar no sentido de que eles expressem ou modifiquem adequadamente os marcos jurídicos e institucionais existentes; caso contrário, corre-se o risco de se elaborarem ideologias que ignoram as precondições efetivas em que os novos direitos podem de fato ser efetivos.

Desigualdade social, mercado e Estado

A ordem social estabelecida pelo estado de bem-estar reorganizou as bases da estratificação social. Como nos países avançados (mas também em países como o Brasil) entre um terço e a metade do produto bruto é apropriado pelo Estado e redistribuído através de serviços públicos. Ao se tomar distribuição da renda como medida de qualidade de vida deve-se levar em consideração tanto a renda individual (que continua sendo usada como critério de estratificação econômica) quanto os bens públicos aos quais os cidadãos têm acesso (por exemplo, educação, saúde, segurança, justiça, transporte subsidiado).

Temos, pois, uma dupla estratificação: a determinada pela renda individual e a determinada pelo usufruto de bens públicos. Em princípio, a estratificação pela renda individual tende a ser muito mais desigual que aquela produzida pela distribuição desigual de bens públicos, que idealmente procura ser não apenas igualitária como compensadora da estratificação determinada pelo mercado. O impacto dos bens públicos na compensação da desigualdade social nem sempre é efetivo, e alguns desses bens, em especial a educação, favorecem particularmente as classes médias. Em situações como a brasileira, os grupos mais pobres da população são os menos beneficiados pelos serviços públicos, e em certos casos, como no de policiais corruptos e brutais, sua presença pode chegar a ser um ônus para a população dos bairros populares.

Embora exista hoje um movimento para separar as políticas sociais das políticas de regulação do mercado, os direitos sociais e os serviços públicos sempre afetaram o mercado de trabalho e a organização da produção. Em que medida é possível desenvolver de forma efetiva políticas sociais orientadas pelo princípio de justiça distributiva ao mesmo tempo em que se desregula o mercado de trabalho na direção de um "contratualismo"? Se, por um lado, a incapacidade crescente dos sindicatos de manter e gerar direitos sociais representa potencialmente um fator de libertação das políticas sociais associadas aos interesses corporativos de grupos de assalariados com maior capacidade de barganha, por outro lado é duvidoso que, sem pressões sociais, o Estado se oriente por políticas "éticas" de expansão dos serviços públicos com objetivos igualitários.

No século XX, pelo menos nos países desenvolvidos, a solidariedade interpessoal foi, em boa medida, substituída (mas nunca totalmente, pois a família, a amizade e a filantropia continuaram a ter um papel solidário importante) por técnicas sociais fundadas em responsabilidade pública, juridicamente reguladas. A transferência de responsabilidades significou uma transformação do ideal liberal, que, reconhecendo a importância da solidariedade, considerava que ela era uma responsabilidade moral dos membros da "sociedade civil", estranha portanto à tarefa de governar.

O direito do trabalho originou-se na luta dos trabalhadores e nos diagnósticos dos próprios organismos de Estado e de intelectuais sobre as razões da pobreza gerada pelo novo mundo industrial, diagnósticos que indicavam a necessidade de intervenção pública. Assim, desnaturalizou-se a questão da desigualdade social, isto é, ela não podia mais ser creditada ao desígnio divino ou explicada como produto da ordem natural do mundo. A pobreza passou a ser diagnosticada como uma disfunção do sistema, que poderia ser corrigida através da engenharia (ou da revolução) social.

A principal técnica para resolver a questão social foi a obrigatoriedade do seguro social. Como indicamos, a aplicação da tecnologia estatística de controle do risco é o fundamento da moderna seguridade social. O caminho da aplicação da tecnologia de seguro universal obrigatório esteve associado a duas fórmulas aplicadas de modo diferente em cada país, mas sempre combinando cotizações dos trabalhadores e patrões e/ou impostos diretos.

Através de um longo caminho — no qual a grande crise de 1929, as duas guerras mundiais e a expansão comunista foram fatores fundamentais —, consolidou-se uma esfera nova de ação estatal: a esfera social. O Estado capitalista passou a ser um estado de bem-estar (*welfare state*) e criou o que Robert Castels denomina a "propriedade social",[11] uma série de bens coletivos que atuariam como um substituto funcional à propriedade individual, que possibilitariam aos indivíduos o acesso aos *suportes* necessários para participarem do mercado de trabalho e das formas de consumo e sociabilidade modernas. Por suas próprias origens, associado à vontade de integrar as classes populares nos sentimentos patrióticos, o estado de bem-estar social foi um projeto de integração da sociedade em torno do Estado nacional.

A partir dos anos 70, o estado de bem-estar entra em crise, embora seja importante assinalar que ele continua sendo até hoje o fundamento da integração social das sociedades capitalistas avançadas. Inicialmente, a crise foi diagnosticada como uma crise fiscal, associada a transformações demográficas (aumento de longevidade e diminuição da taxa de natalidade, com a conseqüente modificação da pirâmide etária, de forma que o sistema previdenciário, no qual a geração mais jovem assume os custos da mais velha, ficou inviabilizado), além de crescimento exponencial de gastos com saúde pública e aumento do nível de desemprego.

A crise do estado de bem-estar é produto de um longo processo pelo qual os "direitos sociais", originados em torno da figura do trabalhador, passaram a ser generalizados e, em boa medida, desencaixados do sistema de seguro obrigatório que os financiava. À medida que novos setores se acoplavam ao estado de bem-estar, os custos eram transferidos ou aos grupos "pagantes", isto é, trabalhadores e patrões, ou ao Estado, que se financiava através de impostos ou políticas inflacionárias. O novo contexto criou as condições para as chamadas políticas neoliberais, apoiadas por amplos segmentos sociais que se sentiam prejudicados com a dinâmica de financiamento dos crescentes custos de manutenção do sistema ou afetados pela inflação[12].

Uma enorme bibliografia passou a indicar que parte importante dos recursos que deveriam ser alocados aos setores mais necessitados ficava nas classes médias e que, em vez de serem um instrumento de integração, as políticas sociais reforçavam a estigmatização e a reprodução dos grupos excluídos. O estado de bem-estar sofreu, portanto, uma dupla erosão: no topo, em razão dos problemas de governabilidade, e na base, pelo distanciamento crescente das classes médias das ideologias solidárias. Até mesmo setores de esquerda passaram a ver nos sistemas crescentes de controle do Estado uma intromissão indevida e autoritária na vida privada.[13]

O esforço de remanejar o orçamento público para diminuir o déficit fiscal, a partir dos anos 70, e para adequar as exigências de inserção competitiva no mercado internacional, a partir dos anos 80, implicou uma série de reformas do Estado, privatizações e mudanças na legislação social, e produziu uma enorme bibliografia em torno do tema da governabilidade e da boa governança pública, conceito que indica a necessidade de instrumentos apropriados para assegurar a transparência e mensurar e avaliar a eficiência na alocação dos recursos públicos. Durante as reformas do estado de bem-estar — ainda em curso na Europa e na maioria dos países da América Latina —, embora certos direitos trabalhistas e de previdência social tenham sido modificados ou eliminados, os gastos dos Estados capitalistas avançados com a área social se mantêm constantes, ou mesmo aumentam, assim como a participação do orçamento do Estado no total do produto interno bruto. Portanto, não se pode deixar de lembrar, o estado de bem-estar continua a ser o fundamento da solidariedade social e das expectativas de direitos básicos nos Estados capitalistas avançados. A questão central que se impõe na atualidade é a da capacidade do Estado de compensar as desigualdades crescentes geradas pelo mercado e de limitar os efeitos nocivos da desregulação das relações de trabalho produzida pela contra-revolução contratualista sobre a saúde física e mental dos assalariados.

Se o desmonte das estruturas corporativistas por um lado elimina certos privilégios claramente insustentáveis no novo ar dos tempos, por outro, corrói igualmente a ética profissional associada a certas atividades que exigem uma dedicação a valores coletivos, como é caso dos serviços públicos.

Mas, além dos problemas administrativos e fiscais, a crise do estado de bem-estar social refletia uma transformação social de fundo, de questionamento de sua legitimidade, em razão do afastamento crescente entre, de um lado, a base social das políticas públicas ancoradas nas relações de produção e na ideologia igualitária associada à classe operária e, de outro, as novas tendências da sociabilidade moderna. Como esclarece Robert Castels, a partir de meados dos anos 70 dá-se uma "precarização das pertenças coletivas, ou mesmo uma fragilização das categorias homogêneas que constituíam a sociedade salarial".[14]

Como vimos, o mundo do trabalho foi se fragmentando, inclusive como expressão do próprio sucesso das negociações dos diferentes grupos de assalariados. Mas, a partir dos anos 70, acelera-se a transformação interna da classe operária, sob o impacto de múltiplos fatores. A diminuição crescente do peso do setor industrial e o crescimento do setor de serviços levaram à diminuição, em termos tanto relativos como absolutos, do número de trabalhadores manuais — que eram os principais portadores da tradição sindical e ideologias igualitárias — no conjunto dos assalariados. Por sua vez, as novas técnicas de administração de empresas, de terceirização, flexibilização e diminuição do contingente de mão-de-obra empregada corroeram ainda mais os cimentos dos sindicatos e das estratégias ocupacionais associadas à expectativa de estabilidade no emprego. Finalmente, a onda ideológica neoliberal e o fim do comunismo enfraqueceram ainda mais os atores que lutavam por uma sociedade mais igualitária.

Da dominação anônima à fragmentação dos direitos

A "crise da classe operária" e das utopias sociais a ela ligadas é, ao mesmo tempo, causa e produto do processo de crescente individualização dos valores e das relações sociais, que percorre a sociedade moderna. Tal processo desembocou em uma realidade que alguns sociólogos consideram uma nova fase da modernidade (denominada por alguns "pós-modernidade" e por outros "alta modernidade"),[15] cuja figura central é o indivíduo sem fundamento na tradição, condenado a uma ação reflexiva permanente, isto é, a um mundo subjetivo que deve ser constantemente construído e reconstruído.

O indivíduo contemporâneo não possuiria um sistema rígido de identificações coletivas ou ideológicas e estaria fragmentado em múltiplas e mutantes redes e grupos de referência. À diferença do período moderno anterior, em que ainda funcionava um sistema de valores relativamente sólido em torno de instituições — tais como o matrimônio, a profissão, a educação, o partido e ideologias capazes de oferecer, pelo menos em linhas gerais, um sentido secular coletivo à vida (em torno de valores como o trabalho, a pátria, o progresso, a história, o socialismo) —, o indivíduo moderno teria se transformado em um universo auto-referido, mas cheio de buracos negros e galáxias desconexas, com uma intensa sensação de incerteza sobre seu lugar no mundo e seu futuro.

Períodos de transformação histórica produzem um "descolamento" entre a subjetividade dos anos formativos e os valores e exigências dos novos tempos, entre o indivíduo e a sociedade. Esse descolamento, que produz ressentimento, frustração, angústia e depressão, é vivido como uma crise pessoal. A partir de uma certa idade, fica cada vez mais difícil se "identificar" com o "mundo exterior", o que gera uma profunda crise existencial e um desencanto com a vida. Essa situação, comum a toda transformação histórica, adquiriu um caráter crônico e intermitente na sociedade capitalista contemporânea.

O processo atual de desinstitucionalização do indivíduo, seja ele homem, mulher ou criança, levou ao enfraquecimento dos mecanismos e laços que relacionavam esse indivíduo à sociedade e ao sistema cultural.[16] Os valores sobre os quais se construíram a escola, o mundo do trabalho e o Estado entraram, se não em colapso, pelo menos em claro retrocesso. As novas identidades se constituem em torno do sucesso monetário e do consumo associado a estilos de vida cada vez mais personalizados.[17]

Vivendo simultaneamente no espaço físico, onde está situado, e no espaço global, ao qual está conectado, associado a uma temporalidade instantânea que destrói o senso da história, sem ter a quem responsabilizar por seu sofrimento senão a si mesmo, o indivíduo reflexivo descobre que sua subjetividade, em vez de espaço de liberdade, representa uma fonte de angústia, à qual deve aplicar constantemente técnicas de auto-ajuda, quando não produtos químicos, a fim de manter a motivação necessária para ser um empresário de si mesmo e suportar a constante mudança e incerteza do mundo atual.

O indivíduo estaria condenado a viver o sentimento de permanente distanciamento do sentido imediato do mundo social; a habitar um mundo fluido e em constante mudança, para o qual ele não está "preparado" (o que cria o novo nicho da "educação continuada"); a justificar cada um de seus atos a partir de várias racionalidades e valores possíveis; a negociar cada ação no mundo afetivo; a sentir-se fragmentado em múltiplos desejos que não encontram mais valores estruturantes. Em suma, estaria condenado a viver, como no emblemático título do livro de Ehrenberg, "o cansaço de si mesmo".[18] O indivíduo não sofreria mais a opressão do superego, e suas energias seriam dedicadas a administrar seus desejos, agora abertamente assumidos, mas impossíveis, na sua maioria, de serem realizados. Estaria sentenciado a conviver com seus múltiplos egos e possibilidades de reescrever sua história de vida, transformando cada ato de sociabilidade em uma negociação com o outro e consigo mesmo, produzindo uma cultura em que os dramas da subjetividade substituem os dramas do espaço público ou, parafraseando outro título de livro, uma cultura narcisista do "ego mínimo",[19] centrada em aspirações privadas e na construção permanente, mas nunca acabada, da auto-imagem.[20]

Responsabilizado por seu destino, já que teria a liberdade de refazer sua história de vida, o indivíduo seria também responsável por seus fracassos e problemas: por não ter se aplicado o suficiente para ter um bom emprego, por não ter se alimentado adequadamente e, por isso, ter adquirido problemas de saúde, ou por não ter se exercitado o bastante e, por isso, ter envelhecido. O indivíduo contemporâneo continua a se sentir oprimido e dominado, mas essa dominação é "anônima", não tem sujeito nem endereço certo. Enquanto nas antigas lutas operárias o inimigo tinha um rosto definido, o patrão, e a origem da dominação era claramente identificável, o capitalismo, o indivíduo reflexivo não consegue definir a quem culpar por seus males — o que produz a síndrome cada vez mais comum da depressão e do sentimento de fracasso, pois a pessoa se julga a única responsável por suas desventuras.

Paradoxalmente, a nova modernidade estaria gerando simultaneamente um indivíduo resignado — ocupado demais em administrar seus problemas para se dedicar a questões coletivas —, mas também um indivíduo mais igualitário, já que, destruídas as velhas fronteiras e subculturas que separavam as pessoas — tais como status social, classes sociais, nações, ideologias —, não sobraria mais do que a comum humanidade, o drama da condição humana, na qual todos os indivíduos podem se refletir e se identificar.*

O distanciamento entre subjetividade e estrutura social tem dado lugar a uma esquizofrenia na teoria sociológica. Ou bem se procura reconstruir a dinâmica social a partir de uma teorização cujo ponto inicial é o indivíduo reflexivo e seus dramas de inserção social — teorização que perde de vista as "estruturas" sociais, isto é, o sistema organizado de poder econômico, político e cultural —, ou bem se elabora uma explicação sistêmica do funcionamento da sociedade (conceito que, de fato, se abandona no primeiro tipo de interpretação), mas que permanece distante da subjetividade e da auto-representação dos indivíduos.

A supervalorização do indivíduo e do papel libertador do conhecimento, que atravessa a cultura moderna e que foi reforçada pela psicanálise e pelas diversas terapias de auto-ajuda, encontra expressão na teoria sociológica na escola da escolha racional, e, mais recentemente, do individualismo reflexivo. A representação que certa sociologia faz da condição do indivíduo moderno — um ser reflexivo reinventando constantemente seu futuro, ou um *risk taker* (um apostador), nas palavras de Giddens — é uma idealização questionável e caricatural da vida contemporânea. O indivíduo moderno se aproxima de outra imagem, igualmente caricatural, de alguém preso numa cela, de onde imagina periodicamente novas "narrativas de vida", de modo a manter a ilusão de que está no comando de sua biografia.

---

* George Simmels, em particular, notou os efeitos profundamente igualitários da monetarização do mundo. Ver *The Philosophy of Money*.

O idealismo implícito na supervalorização da subjetividade, da capacidade de aprendizagem e do papel do conhecimento na transformação de si mesmo foi recentemente criticado por Danilo Martuccelli.[21] Para ele, o indivíduo não se sustenta "a partir de dentro", mas sim de "suportes" externos (que são os mais diversos, de religião a família, de amigos a dinheiro) estabilizadores da subjetividade. Se a hipótese de Martuccelli for correta, como acreditamos fundamentalmente ser, a pesquisa sociológica deverá analisar o processo complexo pelo qual o conhecimento e a reflexão podem ser um instrumento de autotransformação, mas somente na medida em que se constituam num elo efetivo de transformação do sistema de suportes.

O novo individualismo e identidades coletivas

O novo indivíduo "desprotegido" subjetivamente e submetido à dominação anônima não deixa de procurar novas formas de pertencer e de reivindicar proteção, solidariedade e reconhecimento social.* Para certos autores[22] trata-se de uma radicalização da democracia. Não nos parece que a análise dos processos sociais concretos justifique esse otimismo. Acreditamos, com Marcel Gauchet,[23] que o indivíduo pós-moderno tem uma enorme dificuldade de integrar dimensão pública ou societária. Nessa nova realidade social, a luta pela igualdade é substituída pela luta pela diferença, os indivíduos não procuram mais construir uma utopia socialmente inclusiva e a desigualdade só é relevante em relação ao próprio grupo, e não ao conjunto da sociedade. Aliás, a própria idéia de uma utopia secular unificadora da sociedade perdeu sua atualidade. Ela supõe a confiança em verdades e/ou valores universais e

* Neste sentido, Bauman (cf. *Life in Fragments*) se equivoca ao pensar que o novo individualismo destrói qualquer possibilidade de reconstrução de comunidades. Sem dúvida, as formas de solidariedade organizadas em torno da divisão social do trabalho estariam condenadas pelas novas estratégias ocupacionais e salariais e pelo individualismo, mas não eliminam a estratégia de formação de identidades coletivas mais permanentes.

um ponto de chegada num futuro comum, que deixou de ser procurado.

A individualização destrói afiliações incondicionais e fidelidades a ideologias totalizantes. Os acordos são sobre temas específicos (*issues*, em inglês) e não mais em torno de visões que abarquem os mais diversos problemas da sociedade. Cada indivíduo se reserva o direito de ter sua posição (e mudá-la) em relação a cada tema particular, e não aceita que elas sejam reduzidas a um marco único de interpretação. Aqueles que procuram marcos fundados numa autoridade externa, com explicações e respostas predeterminadas, migram para visões religiosas integristas. Nas suas versões mais moderadas, a perda de referências fixas, o estresse e o sentimento de falta de valores e sentidos transcendentais têm levado a uma demanda crescente por "produtos místicos", que vão desde práticas "light" de ioga e outras disciplinas orientais à redescoberta da própria tradição religiosa.

A individualização e o igualitarismo produzem uma desconfiança crescente em relação a grandes burocracias, cuja opacidade e impessoalidade se chocam com os valores de transparência e de valorização das necessidades de cada individualidade. As principais vítimas desse estado de espírito são o Estado e os partidos políticos, mas também as grandes empresas são alvo da desconfiança pública.

No mundo contemporâneo, a passagem do individual para o social é mediada por duas construções aparentemente contraditórias, mas que expressam a nova condição do indivíduo moderno. Para uns, a referência central é o discurso dos direitos humanos, que, por seu caráter altamente abstrato e geral oferece um substrato em torno do qual é possível ancorar e comunicar as reivindicações particulares.[24] Para outros, perdida a visão societária organizada em torno do Estado e do sistema político, trata-se de procurar nas religiões o material para a construção de suas identidades coletivas, fora das incertezas da sociedade mundana e da história.

O novo universo de identidades coletivas deixa de estar ancorado em vínculos de identificação socioeconômica e processos históricos, que se mostram frágeis e em permanente mutação. Elas procuram uma solidez que as ampare das transformações sociais e do próprio individualismo, e se organizam ou bem em torno de grupos de afinidade por identificação imediata, relacionados a problemas específicos (vida do bairro, escola), ou bem — e esse é realmente o fenômeno novo — em torno de entidades (vividas como) naturais ou transcendentais*. Assim, gênero, opção sexual, características físicas, grupos étnicos, religiões, regionalismos e a própria natureza são os valores em torno dos quais os novos atores coletivos elaboram suas identidades.**

As novas identidades funcionam como filtros capazes de delimitar os efeitos relativizadores e as incertezas do individualismo reflexivo; oferecem um cardápio do que é certo e errado, além da possibilidade de identificar um inimigo externo sobre quem descarregar pelo menos parte das responsabilidades pelo destino pessoal. Mas elas não estão ao abrigo do individualismo contemporâneo — particularmente as elites desses novos atores sociais, para as quais essas identidades são também estratégias individuais para negociar, com o sistema político, posições de poder e recursos para consolidar sua ascensão social.

Apesar das diferenças entre as novas identidades, elas compartilham pelo menos vários dos seguintes traços, que as distinguem profundamente do mundo do trabalho e, de certa forma, as opõem às suas reivindicações.

1) Os grupos se apresentam como vítimas do sistema, razão pela qual devem ser indenizados, embora os responsáveis sejam difíceis de identificar concretamente. A vitimização e as compen-

* O nazismo e o racismo moderno foram precursores dessa forma de construção de identidade, como um modo reacionário de enfrentar a modernidade e os direitos humanos.

** Michael J. Piore chama a atenção para o fato de que para a sociedade norte-americana, com seu individualismo e dificuldade de conviver com a ambigüidade, seria difícil identificar grupos sociais a não ser por características inatas, naturalizadas. A análise de Piore, que não inclui a religião e o ecologismo, aplica-se hoje, com as devidas adaptações, a todas as sociedades modernas. Ver *Beyond Individualism*.

sações referem-se não só ao momento atual como à história pregressa de opressão[*].

2) Os grupos não procuram a similitude. Afirmam a diferença e o particularismo, são antiuniversalistas e vêem no universalismo um mecanismo de dominação. Essa crítica os situa em uma relação complexa com o discurso dos direitos humanos, que passa a ser redefinido como aceitação do direito à diferença, direito que leva a um aumento nas antinomias internas dos direitos humanos e dos ordenamentos jurídicos organizados em torno de comunidades culturais nacionais.

3) Dado que as novas identidades coletivas são construídas sobre características "transcendentais", permanentes, trata-se muitas vezes de obter uma discriminação permanente, no lugar de uma igualação de condições. Em paralelo com políticas de ação afirmativa orientadas para igualar as chances de vida, as elites dos novos grupos identitários propõem políticas de discriminação positiva no sentido de consolidar e fortalecer as identidades e subculturas particulares.

4) As novas identidades coletivas enfatizam as dimensões simbólicas da dominação e opressão, ainda que possam ter reivindicações de ordem econômica. Elas não se organizam a partir do contexto econômico ou produtivo, portanto não possuem parâmetros de referência objetiva sobre a "parte que lhes corresponde" no mundo da economia.[**]

5) Sua constituição social é interclassista, ainda que na prática possa ser formada majoritariamente por um único estrato social.

6) As novas identidades definem-se fora dos parâmetros clássicos de direita/esquerda e, embora possam estar atravessadas pe-

---

* A esse respeito, Michael Waltzer comenta: "Na política multicultural é uma vantagem ser ofendido. Toda ofensa, todo ato de discriminação ou desrespeito, toda palavra maliciosa ou de inveja confere um direito político a senão uma indenização, pelo menos o reconhecimento [da ofensa]." Cf. "Multiculturalism and the Politics of Interest".

** Para Michael J. Piore, "como os grupos são definidos independentemente da estrutura econômica, não existe nenhum caminho direto para que seus membros compreendam como os recursos econômicos delimitam o atendimento de suas demandas". Cf. *Beyond Individualism*, p.22.

las lealdades político-ideológicas de seus membros, são fundamentalmente transversais em relação ao sistema partidário.

Como indicamos no início do livro, a cidadania moderna construiu simultaneamente a noção de indivíduos livres e iguais e a idéia de comunidade nacional. A crescente fragmentação simbólica — causada pela invasão do espaço público por dimensões anteriormente associadas à "vida privada", pela valorização de culturas étnicas e/ou religiosas, que consideram suas lealdades e valores grupais prioritários e não-negociáveis — põe em xeque a noção republicana de espaço público e do bem comum.

Embora essa dinâmica tenha produzido uma reação ideológica, intelectual e política, em particular na Europa, que se estende da direita à esquerda em torno da defesa de valores "nacionais" ou republicanos, é difícil acreditar que possa haver um retorno ao passado. Encontramo-nos em um universo muito distante da tradição trabalhista e socialista. Em vez de um valor societário comum, o trabalho, temos a afirmação de valores diversos e incomensuráveis entre si; em vez de radicalização de similitude e igualdade, a radicalização da diferença; no lugar da exploração, a dominação simbólica e a vitimização; substituindo uma utopia universal, utopias particulares; ao invés de confiança na ação humana, no futuro e na história, a incerteza e a desconfiança na política.*

A criação de pontes entre o privado e o público, promovida em particular pelo feminismo, desempenhou um importante papel libertário, já que levou ao debate público dimensões da vida social que, em nome do respeito à intimidade da vida privada, protegiam sistemas de dominação e opressão. Mas à medida que se passa a um *continuum* entre o público e privado, elimina-se a tensão dinâmica entre o indivíduo, o grupo e a sociedade nacional — tensão que alimentou a produção de utopias, cujo horizonte ia

* Nancy Fraser discute os limites da capacidade redistributiva dos novos movimentos sociais centrados no tema do reconhecimento identitário, supondo que uma síntese entre as antigas formas de luta contra a exploração econômica seja possível. Trata-se de uma petição de princípio sem demonstração de viabilidade sociológica. Ver "Da redistribuição ao reconhecimento? Dilemas da justiça na era pós-socialista".

além do próprio umbigo. Se a separação entre o público e o privado permite formas de dominação que devem ser criticadas e superadas, ela representa a principal proteção contra as tendências autoritárias e totalitárias, seja do Estado ou da própria sociedade, e constitui um instrumento central de defesa da liberdade individual.

Enquanto grupos que procuram o reconhecimento simbólico, as novas identidades têm o efeito de democratizar os sistemas de valores e a vida cultural. Mas, uma vez que se dissociam da luta pela igualdade para o conjunto da sociedade, elas têm um limitado efeito na distribuição da riqueza. No melhor dos casos, o resultado é a modificação da posição relativa de grupos identitários no interior de um sistema de distribuição da riqueza social, o qual, enquanto conjunto, é pouco afetado. Elas têm o potencial de normalizar a estrutura de classes no interior do grupo identitário, permitindo a ascensão social de certas camadas: as novas identidades são um trampolim para novas elites que usam o tema como recurso de barganha para ter acesso a posições melhores no mercado de trabalho e a recursos públicos, que são distribuídos de forma desigual no interior do grupo.

Assim, as novas lutas sociais afetam o lugar relativo que os novos atores coletivos (incluindo bairros, municípios ou favelas) ocupam no interior do mercado ou na alíquota de recursos públicos que lhes são outorgados, sem necessariamente afetar a desigual distribuição da riqueza no conjunto da sociedade. Pelo contrário, os processos de concentração de recursos econômicos ficam liberados de pressões redistributivas, pois estas não têm mais como referência uma visão de conjunto da sociedade. A desigualdade social hoje é vivida como múltipla, e as reivindicações, já não são lançadas contra as classes proprietárias, mas contra as políticas públicas e os mecanismos de regulação do mercado de trabalho para grupos específicos.

O impacto dessas novas identidades sobre o processo de democratização das relações sociais é contraditório. Por um lado, elas renovam a vida democrática, pois expressam grupos sociais (a mulher, as minorias sexuais, os grupos étnicos) que tinham sido oprimidos no processo de construção do Estado moderno. Por outro lado, não só elas produzem um impacto limitado na redistribuição da riqueza, como põem em questão as condições de existência de um debate sobre igualdade no conjunto da sociedade, já que muitas vezes estão associadas a um discurso e a práticas institucionais construídas em torno de identidades coletivas impermeáveis.

Da mesma forma que a demanda por direitos sociais sem alicerces nos valores de respeito à individualidade e à liberdade se transformou em totalitarismo, as novas reivindicações, associadas às chamadas "políticas de identidade" e ao multiculturalismo, quando distanciadas dos valores humanistas e de respeito à escolha individual como fundamento da liberdade, transformam-se numa forma de racismo pós-moderno, como mostram os recentes exemplos da ideologia da nova direita na Holanda e Dinamarca. Em nome da deferência, identificada aqui com a cultura nacional, passa-se a excluir do acesso à cidadania aqueles que não compartilham o mesmo sistema de valores e crenças.

A nova onda de direitos, denominados geralmente de "simbólicos" ou "imateriais", cria uma contradição entre democratização e democracia difícil de ser resolvida. Na medida em que a democratização das relações sociais se realiza pela afirmação de identidades que corroem os sentimentos de comunidade — isto é, de ser parte do mesmo mundo, de compartilhar problemas e valores —, destrói-se, até certo ponto, uma das bases fundamentais da cidadania; o sentimento de pertencer a um mundo de pessoas "iguais".

As identidades coletivas centradas no tema da diferença implodem a possibilidade de um marco sociológico unificado para o estudo da desigualdade social, a qual hoje é referida cada vez mais à posição relativa de grupos específicos dentro da sociedade (mulheres, negros, latinos, emigrantes, homossexuais, em uma progressão que poderia ir ao infinito). Essa forma de sensibilidade diante da desigualdade social propicia o esfacelamento do sentido de "sociedade", que deixa de ser pensada e vivida como um conjunto de cidadãos iguais, e assim o problema distributivo passa a ser avaliado em termos do que "meu grupo" recebe na "distribuição do bolo". A demanda de direitos realizada pelas novas identidades coletivas, quando associada a reivindicações distributivas, apresenta o risco da despolitização e da erosão do espaço público, pois essas identidades questionam a política como produção de uma utopia comum e transformam o sistema de representação em um processo de agregação de interesses de fragmentos sociais, imagem em que o caso dos Estados Unidos é exemplar.[*]

A noção de desigualdade social passa a ser múltipla, de forma que um indivíduo concreto pode estar inserido em posições diferentes, dependendo do grupo de referência. Assim, por exemplo, pode encontrar-se na parte superior da pirâmide, do ponto de vista do emprego ou da renda, mas em posições inferiores se identificado a um grupo racial, étnico ou de gênero. As múltiplas desigualdades têm erodido as noções de classe social como conceito capaz de dar unidade ao indivíduo e do lugar desse indivíduo no sistema de distribuição de riqueza.

A visão cada vez mais globalizada da estratificação social radicaliza a percepção de múltiplas desigualdades sociais em termos de expectativas de acesso à riqueza social dentro de uma cultura de consumo globalizada. A identificação com um padrão de renda e consumo global cria um problema político de difícil resolução, já que as sociedades nacionais continuam a ser o principal *locus* de geração e distribuição de bens.

A multiplicação dos direitos — e particularmente a expansão do programa democrático para incluir não só os valores de liberdade e igualdade, mas também o de alteridade (o direito a ser diferente) — impõe enorme pressão a sistemas sociais nos quais a democracia ainda apresenta fragilidades em razão da consolidação histórica de enormes desigualdades sociais. Incluir o "direito à alteridade" em sociedades que ainda têm dificuldade de digerir os valores de igualdade e liberdade "clássicos" representa novos riscos de fragmentação social e separatismo.

Assim, o desenvolvimento de políticas de reconhecimento das diferentes identidades étnicas, como a política de *empowerment*

---

* Neste sentido, a análise de Jürgen Habermas em *The Theory of Communicative Action*, que vê no direito o ponto privilegiado de encontro do espaço público, supõe identidades coletivas que não têm uma relação instrumental com o direito. Ver Jürgen Habermas, "Struggles for Recognition in the Democratic Constitutional State".

(empoderamento) das minorias na América Latina, poderá seja fortalecer a democracia, seja acelerar os processos de desintegração das sociedades nacionais[25]. A reconstrução de identidades oprimidas tanto pode se orientar dentro de uma lógica de reconhecimento das diferenças, num discurso em que a chave de reconstrução da identidade se dá no sentido de valores compartilhados com o resto da sociedade, quanto pode se fundamentar em uma narrativa na qual, em nome da opressão a que o grupo foi submetido, se cria uma dinâmica de crescente isolamento e rompimento com o restante da sociedade.

Na Europa, a segunda lógica parece prevalecer em vários países, mas não apresenta maiores riscos para a coesão social, já que o continente se dirige a alguma forma de federalismo em que parte das funções estatais foram transferidas para uma instância supranacional, a União Européia. Em vários casos, as tendências separatistas são promovidas por regiões afluentes, e suas reivindicações expressam, em certa medida, um egoísmo coletivo, de "dessolidarização" com outras regiões mais pobres. No caso latino-americano, em que as instituições democráticas e os mecanismos de integração social são muito mais frágeis, a "importação" acrítica da experiência norte-americana, construída historicamente na afirmação da diversidade étnica, e o auxílio internacional a grupos oprimidos têm promovido o apoio, por vezes irresponsável, às exigências de pluralismo jurídico por parte de grupos indígenas. Como se a desigualdade social pudesse ser compensada com mecanismos simbólicos de autonomia jurídica, que muitas vezes representam um retrocesso a práticas que desrespeitam os direitos humanos e levam ao fortalecimento de oligarquias no interior das comunidades "nativas".

Os processos de desagregação da visão de conjunto da sociedade e a radicalização das aspirações a direitos dissociados da elaboração política de projetos societários permitem o aprofundamento do discurso e das expectativas de democratização da sociedade e, simultaneamente, o aumento da desigualdade socioeconômica. Assim, a fragmentação da representação social tem possibilitado o paradoxo do mundo contemporâneo: cada vez mais democrático e cada vez mais desigual.

A crise da representação política e o papel do Judiciário

A história da transformação dos direitos da cidadania nas sociedades capitalistas democráticas pode ser interpretada como uma transformação das relações entre os Poderes Legislativo, Executivo e Judiciário. Em linhas gerais e simplificadas, o período de ouro do Legislativo estaria associado à fase do acesso ao direito de voto, enquanto a expansão dos direitos sociais teria significado o fortalecimento do Poder Executivo. Finalmente, no período atual, o Poder Judiciário teria o lugar central.

Essa modificação das posições ocupadas pelos Três Poderes não significa um simples remanejamento interno, na esfera do Estado, da influência de cada poder e de suas possibilidades de atuar como árbitro ou mesmo de se impor aos outros, mas está associada, sobretudo, à transformação da representação social da política e a transformações societárias que afetam o conteúdo e a organização de cada poder.

Isso fica claro, retrospectivamente, em relação ao estado de bem-estar, período de auge do Poder Executivo, de expansão da máquina estatal e da tecnocracia, da inclusão sistemática de novas áreas sob sua égide (da saúde à educação, da ciência e tecnologia a infra-estruturas), com a imposição de sua presença não só sobre os outros poderes mas também sobre a sociedade, de onde retirou seu impulso inicial. Como vimos, tais transformações influenciaram igualmente o Poder Judiciário, que se viu diante da tarefa de integrar novos sujeitos e expandir sua jurisdição, aproximando Direito e demanda de direitos substantivos de grupos específicos.

Se acompanharmos as hipóteses de Marcel Gauchet[26], o crescente poder do Judiciário estaria, nessa nova fase, relacionado ao processo de dessacralização e secularização do mundo, com o fim das utopias sociais — orientadas pela crença em um sentido da história —; ao esgotamento do estado de bem-estar, associado aos limites crescentes da ação discricionária do Estado pelas exigências de inserção na economia internacional; e ao desenvolvimento de um novo individualismo, que não mais se orienta por ideologias políticas e pela identificação com o espaço público. Essas transformações teriam motivado o enfraquecimento e a perda da aura da política partidária e do poder político — seja do Executivo ou do Legislativo.

Esses processos teriam transferido para o discurso dos direitos humanos a representação da política. Essa linguagem seria a forma pela qual os atores sociais expressariam suas aspirações, o que produz o paradoxo de que a política não encontraria uma linguagem político-partidária para se expressar. Enquanto o discurso político-partidário exige opções e supõe posições diversas e conflitantes, o discurso dos direitos humanos é inclusivo, e não se constrói em torno do mundo da necessidade, mas somente do mundo do desejável. Em suma, nas palavras de Gauchet, ele "não constitui uma política".

A conseqüência desta análise é que o lugar do Poder Judiciário mudou porque seu papel na sociedade se alterou, como expressão do deslocamento da representação da política para o discurso dos direitos humanos. Tal mudança foi concomitante à transformação do próprio judiciário, em razão da constitucionalização do sistema político e da judicialização do conflito social. A constitucionalização do sistema político implica remeter a ação tanto do Poder Executivo como do Poder Legislativo ao controle dos tribunais constitucionais. A judicialização do conflito social leva à transferência das expectativas de atendimento de demandas e resolução de conflitos sociais para o Poder Judiciário, que seria o único fiador da convivência e o único poder confiável.

A dinâmica de judicialização das relações sociais propicia a transformação tanto da política como dos atores sociais que intervêm no jogo político. Isso se expressa na decadência das formas de participação político-partidária e na fragmentação da representação social. Na esfera do Poder Judiciário, a constitucionalização do direito teria significado uma certa aproximação da tradição continental difundida pelo Código Napoleônico com a tradição de direito consuetudinário anglo-saxão na medida em que a referência a questões constitucionais e a importância crescente do Judiciário na vida social deslocariam o papel tradicional do juiz aplicador de leis para uma posição de intérprete ativo das leis. A própria diferenciação interna do Poder Judiciário, com a criação ou fortalecimento da figura de defensores da cidadania (o Ministério Público, no Brasil), tem transformado o Judiciário em um ator político central.

A judicialização do social é um processo duplo de fragilização do Direito: no plano institucional, já que remete toda nova legislação a seus fundamentos constitucionais, ou, ainda, aos direitos humanos; e no plano das relações cotidianas, pela contratualização crescente das relações sociais, em particular as de trabalho, mas também das familiares e dos sistemas de previdência, educação e saúde.

Tanto a constitucionalização como a contratualização das relações e expectativas sociais perdem a perspectiva do lugar específico da lei como convenção coletivamente compartida, mas também como ordenamento impositivo, fugindo seja na direção da individualização dos acordos e das arbitragens ou na direção de direitos universais. Em ambos os casos, fica erodida a capacidade do Poder Executivo e do Poder Legislativo de elaborar soluções para situações conflitivas — internas ou externas — que exijam renúncia, pelo menos parcialmente, de direitos adquiridos. A judicialização das relações sociais prejudica em particular os setores mais frágeis, distantes do acesso ao sistema judiciário.

A *contratualização* das relações sociais permite, em nome da autonomia das partes, a reintrodução de relações de poder e de opressão no mundo do trabalho, enquanto a *constitucionalização* leva ao desengajamento do cidadão face às decisões e compromissos políticos assumidos por governos democraticamente eleitos. Ambas as tendências têm aspectos positivos: a primeira expressa a individualização crescente das relações sociais e a procura por soluções pessoais; a segunda, a defesa do cidadão diante do que se considera o arbítrio do Estado. Tais tendências, contudo, apresentam enormes perigos para a consolidação da vida democrática. No primeiro caso, por construir o vínculo social à margem da sociedade, como se fosse um negócio particular; e no segundo, pelo desconhecimento de que a vida política requer soluções de compromissos não ideais, e de que nela os membros da comunidade aceitam distribuir custos e benefícios. Ambos os casos são uma expressão profunda da desidentificação do indivíduo contemporâneo com uma visão do social que exige a submissão a normas compartidas e um certo sacrifício do interesse pessoal em nome do coletivo.

As novas formas de representação coletiva, a perda de crença na política partidária e nas ideologias de transformação social e sua substituição pelo discurso dos direitos humanos enfraqueceram o papel ideológico e funcional do Estado como elaborador de estratégias capazes de controlar e regular o processo de modernização social. A fragmentação de interesses, como vimos, levou a luta pelos direitos humanos ao centro da vida pública e fortaleceu o papel do Poder Judiciário.

Voltando as costas aos Poderes Executivo e Legislativo, os processos de judicialização do conflito social e a constituição de identidades coletivas apresentam novos problemas para a governabilidade na sociedade moderna. Décadas atrás, Samuel Huntington formulou o problema da governabilidade como sendo o do (des)ajuste entre o ritmo da expansão das demandas sociais em face da capacidade do sistema político e dos recursos disponíveis pelo Estado para processá-las.[27] No atual contexto, a dinâmica institucional ocasiona um deslocamento das demandas, que são realizadas diretamente ao Poder Judiciário ou elaboradas à margem do sistema político e, muitas vezes, de costas ao Estado (como é o caso de grupos religiosos fundamentalistas e, de forma mais amena, de identidades coletivas que independem do sistema político nacional). Enquanto na situação anterior o perigo era a implosão do regime democrático em decorrência da incapacidade do Estado de absorver as diferentes demandas sociais, o perigo hoje é o do abandono moral da esfera pública estatal, em razão da perda de identificação com o sistema político organizado em torno do Estado. A nova crise de legitimação na América Latina se apresenta não como um *transbordamento* do Estado, mas como um *esvaziamento* do sistema político-partidário, expresso na desprezível consideração reservada aos políticos, na descrença nas eleições como mecanismo para mudar o destino da sociedade e na disposição de apoiar políticos aventureiros, sem raízes no sistema partidário.

III. A “sociedade civil”, as ONGs e a globalização das agendas sociais

A crise das ideologias socialistas e as novas formas de gestão empresarial — associadas às transformações sociais e tecnológicas que diminuíram a importância do proletariado industrial, debilitaram o mundo sindical e radicalizaram o processo de individualização — produziram uma “desradicalização” da política partidária e das antigas clivagens esquerda-direita. Ganhar eleições passou a depender da capacidade de aglutinar as mais diversas demandas sociais, o que implicou um movimento em direção ao centro político e uma moderação nos discursos de forma a não alienar potenciais aliados. As novas técnicas de marketing eleitoral fizeram ainda mais inócuas e irrelevantes as questões ideológicas. Finalmente, as condições de administração da economia num contexto de inserção crescente na economia global, aliadas à percepção de que a dependência de recursos externos é fundamental para sustentar a estabilidade financeira e o crescimento econômico, delimitaram ainda mais as opções de diferenciação dos programas partidários.

Para ganhar as eleições os partidos tiveram de moderar seus discursos, transitar entre os mais diversos interesses, “desradicalizar” expectativas. Em vez de portadores de utopias, transformaram-se em administradores de pressões. A vida partidária entrou assim numa crise de representação política, já que a representação é mais que a expressão de interesses imediatos: ela deve dar voz a valores e esperanças da sociedade.

À medida que os partidos políticos foram crescentemente esvaziados e abandonados pela falta de substância ideológica, a política “tradicional” passou a ser vista de forma negativa, como um campo em que prevalecem a vaidade e a corrupção, e sofreu, assim, um processo de *dessacralização*, ou seja, para boa parte da população, os partidos e os políticos perderam autoridade, respeito e admiração, e do mesmo modo a esperança e a mensagem utópica que os acompanharam durante o século XX. Os cargos de governo perderam a aura associada ao exercício do poder político, que o Estado nacional soube transferir das instituições passadas, quando o poder se apresentava como expressão de uma vontade divina.[1]

A separação entre a elaboração de "causas sociais" com forte *ethos* moral e o mundo da política partidária tem uma dupla origem. Se, por um lado, atuam os processos anteriormente mencionados, de "desencantamento" da vida político-partidária (transformada em exercício de administração mais ou menos eficiente da economia e de alocação de recursos em um leque bastante limitado de possibilidades), por outro lado, como vimos anteriormente, um processo paralelo e convergente, talvez com conseqüências mais fundamentais, dissociou as "grandes causas sociais" de projetos societários inclusivos, distanciando-as da vida político-partidária.

Durante várias décadas, a síntese social-democrata fez coincidir um projeto solidário com uma alternativa de política econômica (o keynesianismo), políticas redistributivas com acumulação de capital, permitindo a convergência, ainda que conflitiva, entre os interesses dos setores populares e os de grupos dominantes da sociedade capitalista; a adequação entre o progresso econômico e o progresso social; a conciliação entre inovação tecnológica e inovação social solidária. Talvez tenha sido uma exceção histórica que, em torno da classe trabalhadora, em um dado momento do desenvolvimento capitalista, os grupos subordinados tenham participado de um projeto societário que beneficiava os interesses da maioria da população e não entrava em oposição frontal com os interesses dos grupos dominantes. Isso foi possível, inclusive, porque os grupos subalternos tinham um enorme poder econômico (através da greve) e representativo (via sindicatos e partidos políticos).

A "sociedade civil"

Na atual fase do capitalismo, observamos uma dissociação crescente entre as exigências de elaboração de projetos políticos capazes de gerar amplo consenso social, bem como governabilidade, e políticas sociais distributivas — ou, colocado brevemente, entre progresso econômico e solidariedade. Tal dissociação é produto da distância entre ganhadores e perdedores (representados por todos aqueles que são transformados em "obsoletos" e "inempregáveis" pelo sistema econômico). Os novos grupos marginalizados pela dinâmica do capitalismo contemporâneo não possuem poder político nem de pressão econômica e, pelo menos até hoje, não conseguiram transformar seus interesses num projeto societário capaz de integrar suas reivindicações com as exigências da dinâmica econômica. Movimentos como o MST, no Brasil, ou os Zapatistas, no México, conseguiram se constituir num símbolo ético, uma espinha na consciência social, mas não têm a capacidade de canalizar propostas de reorganização da sociedade ou de formulação de programas políticos que atinjam a maioria da população.

A dissociação entre política e ideais transformou-se em uma disjunção entre a administração do Estado, à qual os partidos políticos no poder estariam condenados a se submeter, e a produção de ideais morais, que passaria a ser tarefa de organizações da "sociedade civil", especializadas na produção de um discurso de protesto moral. À medida que os produtores de "causas morais" se assumem como defensores e "representantes" dos setores marginalizados, consolida-se um processo de afastamento entre a "lógica do sistema", à qual os partidos políticos parlamentares estariam condenados a servir, e as reivindicações dos grupos excluídos, veiculadas por organizações não-governamentais.

Embora, por vezes, políticos demagogos procurem assumir uma postura messiânica, com um discurso moralista, que se apresenta como apolítico e distante da vida partidária (como foi o caso de Collor no Brasil, Fujimori no Peru ou Hugo Chaves na Venezuela), trata-se, em geral, de experiências de vida curta, rapidamente desestabilizadas pela dinâmica política e econômica. Em outros casos, especialmente nos países avançados, partidos políticos que emergem dos movimentos sociais, como os "verdes", vivem constantemente dilacerados entre a lógica de suas bases, com exigências "puristas", e a realidade da participação na vida parlamentar e nas alianças de governo. Do mesmo modo, até certo ponto, a atual experiência do PT no governo federal indica as contradições entre a dinâmica da "sociedade civil" e a dos partidos políticos.

Nesse novo contexto, expande-se também a presença de grupos religiosos que procuram ocupar um espaço crescente na esfera pública. Embora a análise de tal fenômeno esteja fora dos limites deste ensaio, é fundamental incluir os grupos religiosos entre os novos (ou renovados) atores do sistema político contemporâneo, e seu impacto direto e indireto na representação política, sobretudo em função do questionamento dos valores seculares em torno dos quais se constituiu a cidadania moderna.

O "descolamento" das expectativas em relação à política se expressa na perda de identificação com as instituições políticas representativas. O resultado de tal descolamento é a convivência de apatia e descrença nas instituições com explosões periódicas contra governos cujas ações firam princípios de ordem legal ou moral. Nessas explosões — como foi a luta pelo *impeachment* de Fernando Collor, a queda de Fujimori, ou os levantes na Venezuela —, os meios de comunicação, mais que os partidos políticos ou sindicatos, tiveram um papel catalisador central.

Os partidos políticos continuam a ser os principais processadores de interesses e demandas da maioria da sociedade, mas já sem capacidade de expressar as dimensões morais da política ou de representar as esperanças dos setores mais desfavorecidos. O parlamento, espremido entre o Executivo — que monopoliza os recursos materiais e a capacidade tecnoburocrática — e o Judiciário — que se arroga a decisão final sobre a legalidade das leis —, tende a se fragmentar, colonizado pelos mais diversos lobbies econômicos e sociais.

Dessa forma o espaço do discurso moral na sociedade se transferiu para uma galáxia de agrupamentos, denominada "sociedade civil", da qual a imprensa geralmente se apresenta como porta-voz e em cuja mobilização tem papel central, através da denúncia, em nome de "valores absolutos", de comportamentos não-idôneos de homens e mulheres ou agências públicas.

A valorização e a expansão das organizações que se auto-definem como "sociedade civil" simbolizam e expressam a perda de centralidade da classe operária, a crise dos partidos políticos, a retração do estado de bem-estar social e as crescentes dificuldades que os governos encontram para enfrentar os novos desafios de sociedades simultaneamente cada vez mais fragmentadas e globalizadas. A "sociedade civil" passou a ocupar o imaginário social e político como a única portadora de virtudes, associadas na tradição socialista aos trabalhadores e ao "povo", e valorizadas como o novo agente de transformação social e expressão dos desejos libertários e de justiça social diante da desumanidade do mercado e do Estado. O distanciamento crescente entre os ativistas sociais, com uma agenda de defesa de valores absolutos, e os partidos políticos, cada vez mais pragmáticos, permitiu a caracterização da "sociedade civil" como uma instância que seria a "autêntica" representação da "sociedade" perante um sistema político deslegitimado.

Como conceito, a "sociedade civil" percorreu um longo trajeto e adquiriu os significados mais diversos, de acordo com o lugar que lhe foi reservado no interior de cada sistema de filosofia social, mas que pouco iluminam o sentido específico que a sociedade lhe atribui na atualidade.[2] Nos anos 60 e 70, sua presença nos meios intelectuais esteve ligada em particular à valorização do marxismo gramsciano, mas sua divulgação no sentido próximo a seu uso atual está associada à luta contra os regimes autoritários na América Latina e nos países comunistas, em referência aos esforços organizados de resistência da sociedade ante o poder do Estado. Porém as conotações de um universo naturalmente ético e de um mundo homogêneo do período de luta contra o regime autoritário perderam a atualidade em regimes democráticos.

O debate recente sobre a "sociedade civil" no Brasil foi promovido por cientistas sociais preocupados em introduzir uma dimensão sociológica no debate sobre democratização — centrado nas instituições políticas formais. O conceito utilizado por esses autores é fundamentalmente associado à obra de Habermas e impregnado de fortes conotações normativas.[3] Eles constituem em geral elaborações semifilosóficas, nas quais em vez de estudos concretos da "sociedade civil", na sua diversidade e complexidade, o que temos são "casos" escolhidos a dedo (em que a experiência do orçamento participativo tem sempre seu lugar assegurado) e que servem para confirmar as teses gerais.

O enorme prestígio que a "sociedade civil" possui hoje na mídia e em praticamente todos os organismos internacionais tem dado lugar, por vezes, a uma assimilação e ao uso acrítico e apologético desse conceito pelas ciências sociais. Faz-se necessária uma análise crítica do conceito, que não exime, pelo contrário exige, a necessidade de se explicar o lugar que a "sociedade civil" passou a ocupar no imaginário e na prática social.

Os argumentos da filosofia política, que nas últimas décadas tem procurado recuperar esse conceito com um forte conteúdo normativo, parecem-nos, pelo menos do ponto de vista sociológico, bastante frágeis. Trata-se, em geral, de construções dedutivas que culminam com a formulação de um conceito de "sociedade civil" carregado de *wishful thinking*. Assim, Jean Cohen e Andrew Arato,[4] a partir da teoria social de Habermas, procuram alargar o horizonte da prática democrática, identificando a "sociedade civil" com um espaço público não-estatal, que conviveria lado a lado com a esfera dos interesses privados (a economia) e do Estado (no qual se incluiria aparentemente o sistema político partidário).

A "sociedade civil" seria formada por atores autônomos, capazes de enfrentar o mercado e o Estado, e geraria novas formas de participação política e novos direitos, limitando, assim, as tendências à privatização/mercantilzação e à burocratização da vida social. Em geral, falta clareza na definição a respeito de quem faria concretamente parte da "sociedade civil". Arato e Cohen, por exemplo, privilegiam os movimentos sociais, enquanto Habermas parece sublinhar o papel das associações e organizações, como as ONGs. Além dos problemas de imprecisão, essas análises sofrem de uma dificuldade comum no diálogo entre filosofia social e sociologia: a de procurar identificar organizações sociais concretas a partir de marcos teóricos que definem esferas de ação social deduzidas de princípios abstratos. Assim, as três formas de racionalidade que orientam a ação na sociedade moderna — a administrativo-burocrática; a mercantil ou monetária; e a solidária e autônoma dependente da ação comunicativa — são identificadas com organizações sociais precisas: o Estado, o mercado/ empresas e a "sociedade civil". Ora, na realidade, nenhum deles funciona na base de uma racionalidade única, como mostra, por exemplo, toda a bibliografia de sociologia econômica sobre a prática efetiva das empresas, e tampouco as instituições da "sociedade civil" permanecem à margem das tendências de burocratização e de mercantilização.

Na vida social, as virtudes e os vícios nunca são monopólios de instituições precisas. O espaço do "mundo da vida", que Habermas procura constantemente delimitar, está presente nos interstícios de todas as organizações sociais.[5] As organizações da "sociedade civil", na sua maioria, estão imbricadas nos sindicatos, partidos, igrejas, empresários, ou mesmo foram criadas por eles, além de manterem múltiplos vínculos com o Estado.

As realidades sociológicas dessas organizações são muito diferentes em cada contexto nacional, determinando diversas formas de inserção na sociedade e no sistema político. A idéia de que a "sociedade civil" representa um importante componente na consolidação da democracia pressupõe que os diversos subsistemas, em particular as instâncias representativas partidárias e o sistema judiciário, funcionem de forma adequada. Isso permitiria que a "sociedade civil" pudesse desempenhar o papel de *correia de transmissão* entre o espaço público e o sistema político. Contudo, não é o que ocorre na maioria dos países latino-americanos — e, inclusive, nos países avançados —, nos quais a "sociedade civil" se transformou num conceito hipostasiado, tendente a substituir a dimensão da política pelo discurso moral ou, no caso de organizações religiosas fundamentalistas, integrantes da galáxia da "sociedade civil", a desconhecer valores democráticos básicos.

A idéia de uma "sociedade civil" diferenciada e contraposta ao Estado apresenta, em particular na tradição anglo-saxônica, dificuldades maiores de conceitualização, pois a noção mesma de Estado é pouco habitual, já que as instituições políticas não teriam existência independente da sociedade (por exemplo, é sintomático que os funcionários públicos sejam chamados *civil servants*). Isso, obviamente, não significa que os processos de desgaste da política partidária mencionados anteriormente não tenham gerado, mesmo nesses países, uma vontade nos atores sociais de se dissociarem do sistema político tradicional. Nos países de tradição européia continental, nos quais a administração pública herdou uma série de privilégios e derrogações do Estado absolutista, uma crítica ao Estado aparece mais justificada, como uma forma de questionar componentes autoritários e a falta de transparência das administrações públicas ainda presentes na vida política.

À medida que a "sociedade civil" procura desengajar-se do sistema político, em particular do partidário, reduz-se a importância da dimensão política associada ao parlamento, intensificam-se os processos de fragmentação social e dilui-se a capacidade de desenvolvimento de projetos societários. No limite, cria-se a ilusão antidemocrática de uma "sociedade civil" que poderia existir voltando as costas para o Estado.

No contexto do debate sobre neoliberalismo e no seu uso midiático, o conceito de "sociedade civil" é veiculado como uma "terceira realidade" em face do Estado e do mercado. Em particular os movimentos associados à luta antiglobalização tendem a se apresentar como expressão da "sociedade civil" e têm conseguido dar a esse conceito um enorme poder evocativo de uma dimensão social naturalmente boa, imaculada, que não estaria impregnada dos malefícios do Estado e do mercado. Na realidade, porém, os partidos políticos — que inclusive criam suas próprias ONGs — apropriaram-se do discurso sobre a "sociedade civil", assim como se transformou em prática comum a participação de políticos e membros de governo em encontros do Fórum Social Mundial.

O uso do conceito de "sociedade civil" tal como praticado por alguns de seus autoproclamados representantes é a própria negação do conceito de espaço público. Se a "sociedade civil" é uma dimensão da esfera pública, ela não pode ser "representada" por nenhum grupo, o que significaria o abandono da idéia de uma esfera aberta. A esfera pública é pública pois constitui espaço de diálogo, de encontro de opiniões diferentes, que ninguém pode representar e do qual nenhum ator pode se apropriar, já que estaria destruindo seus próprios fundamentos, homogeneizando uma realidade cuja condição de existência é a diversidade*. A auto-representação da "sociedade civil" como uma estrutura homogênea favorece esta tendência. No lugar de se apresentarem como um partido (isto é, como uma *parte*) contraposto a outros, as organizações da "sociedade civil" dificilmente debatem com suas congêneres. Elas não se constituem, pelo menos explicitamente, na crítica a outras organizações pares, mais em contraposição ao Estado ou ao mercado.

A tentação da apropriação monopólica do espaço público, embora seja mais forte em países com instituições democráticas frágeis ou em regimes autoritários, está presente no interior da maioria das organizações da "sociedade civil", pela tendência a encarnar valores morais absolutos e desvalorizar o sistema político e estatal. Mas, com isso, podem contribuir para desestabilizar o papel da esfera pública como espaço de diálogo e de elaboração de alternativas políticas e, finalmente, desestabilizar a própria democracia, que é condição de existência de uma "sociedade civil" autônoma.

No entanto, em todos os países em que a sociedade democrática está solidamente instalada, não existem maiores questionamentos sobre o espaço específico que devem ocupar o Estado e as instituições da administração pública em relação àquelas organizações com vocação pública mais fundada no direito civil privado. Não é esse o caso dos países latino-americanos, e menos ainda dos países africanos. Uma vez que os governos gozam de baixa legitimidade ou não são democráticos, a "sociedade civil" tende a se considerar "mais" legítima que o próprio governo. Em certas situações, até mesmo grupos armados, como as Farc, na Colômbia, passam a reivindicar a representação da "sociedade civil". Em contextos não-democráticos, esse "substitucionismo" político é inevitável, mas em regimes democráticos representa um retorno às práticas que podem desembocar em formas de messianismo autoritário.

---

* O mais próximo de uma "representação" da esfera pública é a metáfora estatística de levantamentos de "opinião pública", que não pode ser confundida com a esfera pública enquanto tal.

Um dos principais perigos da auto-representação de "sociedade civil" é o da manipulação política da ideologia dos direitos humanos. Muitas vezes organizações de defesa de direitos humanos mascaram agendas políticas bem-definidas, com ordem de prioridades distantes da universalidade de valores que preconizam, como ficou claro na conferência contra o racismo em Durban, em 2001. A lógica dessas organizações não é diferente das velhas "frentes" promovidas pelos comunistas, com um discurso em que se denunciam somente as situações de desrespeito dos direitos humanos associadas ao "inimigo político", que seria o responsável pelos males deste mundo.

A "sociedade civil", no sentido lato, isto é, organizações que reivindicam uma representação moral superior em relação ao governo e às instituições públicas, deve ser analisada, portanto, nos seus contextos políticos e sociais concretos. Suas reivindicações e utopias podem ser, e geralmente são, componentes centrais na renovação da vida democrática por criarem e defenderem novos direitos e valores. Em certos casos, contudo, a "sociedade civil" pode defender propostas autoritárias e reacionárias, como mostra a história pregressa e presente — do fascismo aos grupos fundamentalistas.

O prestígio da "sociedade civil" tanto expressa sua importância como veiculador de novas práticas sociais quanto traduz o mal-estar da sociedade com suas instituições políticas. Na prática, as relações entre partidos políticos e a "sociedade civil" tendem a ser complementares e conflitivas. Complementares, pois os partidos (e governos) parasitam a "sociedade civil" para identificar novos temas e causas que lhes permitam manter uma dimensão "transcendental", já que eles mesmos foram, na prática, evacuando as ideologias que alimentavam sua criatividade e renovação moral. Conflitivas, pois as organizações da "sociedade civil" tendem a retirar legitimidade dos partidos e governos constituídos. Como vimos, esse conflito não ameaça regimes democráticos solidamente estabelecidos, mas apresenta um potencial de desmoralização da vida política em países com democracias menos consolidadas.

Os partidos políticos, durante um longo período, pretenderam ser simultaneamente a expressão dos indivíduos e das grandes causas de interesse do conjunto da sociedade. A convergência da solidariedade e da individualidade, de valores comuns e de respeito à autonomia individual, é assegurado, em regimes democráticos, por eleições, através das quais os cidadãos delegam aos partidos e políticos poder para defender seus interesses particulares (individuais) e comuns (de grupos e do conjunto da sociedade).

A separação entre os "porta-vozes" dos direitos humanos e os representantes políticos eleitos tanto expressa como gera uma crise de representação dos partidos políticos. Essa contradição apresenta-se ainda mais dramática dado que a expressão organizada da "sociedade civil" são geralmente ONGs constituídas, na sua maioria, por um número extremamente pequeno de indivíduos. Como não aspiram a tomar o poder, essa situação não apresenta maiores riscos para o sistema político, mas quando, direta ou indiretamente, estão associadas a grupos que objetivam o poder, o discurso da "sociedade civil" guarda certas semelhanças com os antigos partidos "vanguardistas" revolucionários, enquanto minorias que se auto-representavam como encarnação de valores morais absolutos.

O mundo das ONGs

As ONGs correspondem a um conjunto amplo de instituições, cuja definição é de corte negativo: organizações privadas que não objetivam o lucro. Na prática, esse universo inclui desde antigas organizações filantrópicas de caráter religioso — geralmente baseadas no trabalho voluntário —, passando por fundações e associações de bairro, até fachadas de políticos, que as usam para canalizar recursos públicos, ou de empresários, que encontram nesse formato uma solução mais lucrativa de gestão empresarial.[6]

Apesar de continuidades entre as antigas formas de ação filantrópica e as ONGs, a ONG "moderna", que se expandiu enormemente a partir dos anos 70, é de um tipo novo, tanto em termos político-culturais como organizacionais. A ONG contemporânea representa uma instituição especializada na criação, defesa e disseminação de direitos humanos e tende a reivindicar o monopólio dessa área do discurso político. Em termos organizacionais, é formada, em geral, por profissionais dedicados exclusivamente a "causas sociais" e inclui, por vezes, núcleos de pesquisadores.

Existem os mais variados tipos de ONGs, a maioria nanicas. Já se indicou uma tipologia de acordo com sua principal fonte de financiamento: Piongs (ONGs ligadas a instituições públicas), Bongs (associadas a "business", isto é, dependentes de empresas), Iongs (relacionadas a redes internacionais), INGs (indivíduos não-governamentais), Rongs (ONGs ligadas a instituições religiosas) e Pongs (ONGs associadas a partidos) — uma lista que, com certeza, não é exaustiva. Outras divisões enfatizam: a) o caráter local, nacional ou transnacional; b) o caráter voluntário ou profissional; c) a área de atuação. Tal classificação é indicativa da diversidade de orientações, mas, na prática, nenhuma ONG pertence a um modelo "puro" de organização e atuação.

O mundo das ONGs, portanto, não representa uma dimensão autônoma da sociedade, pois mantém relações variadas, muitas vezes de dependência direta, com outras esferas da vida social — o que, em princípio, é um dado positivo, mas que exige uma análise detalhada e concreta sobre o papel das ONGs em cada contexto social, em vez de sua elevação ao estatuto de novo agente do progresso histórico.[7]

A bibliografia sociológica ainda é parca na análise das relações entre as ONGs e a "sociedade civil" que elas procuram representar, dos processos de encapsulamento político e de canalização e controle de recursos nacionais e internacionais, em suma, do funcionamento das relações de poder e das novas formas de burocratização por elas promovidas. Mas isso não oblitera o fato de que, nas últimas décadas, as ONGs se transformaram no principal vetor de inovação social e de novas práticas democráticas, atuando como geradoras e disseminadoras de propostas inéditas de reconstrução social e promovendo ou catalisando movimentos sociais autênticos.

A inserção internacional é um traço característico da maioria das ONGs. Como indica Sérgio Costa,

> somente quando se toma em consideração o complexo jogo de interpenetrações e alianças sociais e alianças transnacionais se pode entender, por exemplo, por que temas como o meio ambiente, a igualdade de gênero ou a luta contra a discriminação racial ganham na agenda política e acadêmica brasileiras uma importância desproporcional ao peso político dos atores sociais que representam no contexto nacional.[8]

A inserção internacional se constrói a partir da captação de apoios financeiros atrelados a agendas específicas. Assim, o mundo das ONGs reproduz de certa forma as desigualdades entre o Norte e o Sul. A agenda da maioria das grandes ONGs (por exemplo, as dedicadas a temas ambientais ou a políticas de controle da natalidade) expressa preocupações, sensibilidades e prioridades definidas nas matrizes, localizadas nos países centrais. Nem sempre os apoios se expressam de forma impositiva, mas em geral a dependência do financiamento internacional não deixa de influenciar a orientação das ONGs dos países menos desenvolvidos.

Embora não existam, em escala internacional, análises sistemáticas sobre a composição social e a trajetória dos dirigentes e participantes das ONGs, estudos isolados indicam que, além de ter se transformado em importante fonte de emprego para líderes locais em bairros pobres e de minorias étnicas, elas absorvem muitos recém-formados do sistema universitário — em particular das ciências sociais.

Podemos identificar dois grandes tipos ideais de ONGs: aquelas orientadas a defender causas (em inglês, *advocacy*) e as que desenvolvem práticas sociais "exemplares". O principal objetivo das primeiras é a realização de atividades de impacto midiático, muitas vezes nos limites da lei, como forma de chamar a atenção da opinião pública para suas bandeiras. As segundas se dedicam a desenvolver projetos sociais concretos, o que não exclui o objetivo de chamar a atenção pública para seus alvos.

O papel e o peso político das ONGs em cada sociedade, como já indicamos em relação à "sociedade civil", dependem do contexto societário (na maioria dos países muçulmanos fundamentalistas, na Síria, na China e em Cuba em geral são banidas ou "filtradas" pelo Estado). Na África negra, quando seu funcionamento é permitido, as ONGs absorvem boa parte dos quadros da classe média com potencial para dirigir os negócios de Estado. Financiadas em sua quase totalidade por recursos externos, elas oferecem salários "internacionais", ou pelo menos muito superiores aos salários dos funcionários públicos, o que permite a seus membros manter uma autonomia e distância crítica das práticas de corrupção disseminadas na função pública. Os orçamentos que as ONGs manipulam são cada vez mais vultosos — e uma parte significativa do total de recursos da cooperação internacional é destinada diretamente para a "sociedade civil" — o que transforma essas organizações em um verdadeiro centro de poder, capaz de questionar, nos fóruns internacionais, a legitimidade dos governos estabelecidos.

Na América Latina, o peso político das ONGs é, em geral, menor, embora elas tenham crescido de forma constante, impulsionadas pelos processos de democratização e de aumento dos problemas sociais, tais como a desorganização urbana e a intensificação da violência. Por sua vez, os governos e as instituições internacionais procuram se apoiar em ONGs para realizar ações pontuais e criativas, como saída para enfrentar a falta de recursos, o emperramento e a corrupção da máquina burocrática.

O universo das ONGs na América Latina tem se diversificado enormemente desde os anos 70, quando eram fundamentalmente financiadas por fontes externas como forma de apoiar a resistência aos regimes autoritários. Nas últimas décadas, a importância relativa de recursos externos tem diminuído, e aumentado a de recursos públicos, mas também de empresas, influenciadas pelo discurso da empresa-cidadã, cuja participação em projetos sociais tem se ampliado sensivelmente em países como o Brasil.

Na Europa, embora importante fonte de emprego, as ONGs têm um peso político menor, dada a maior solidez do sistema de serviços sociais oferecidos pelo Estado. Em certos países, como por exemplo na França, as ONGs funcionam como subcontratadas do Estado e/ou preparam o terreno para a entrada dos serviços públicos em áreas "difíceis". Parte das ONGs tem como orientação principal a cooperação internacional. No entanto, por menor que seja seu papel político, elas são o principal veículo de sustentação de causas sociais e de produção de novos temas e valores, dada a crescente diminuição do caráter ideológico dos partidos políticos.

Embora o tema da complexa relação entre meios de comunicação e democracia tenha estimulado uma enorme bibliografia e debates que se encontram fora dos limites deste ensaio, não podemos deixar de indicar a afinidade entre a mídia e os processos que levaram ao fortalecimento da "sociedade civil" e das ONGs. Apesar das importantes e óbvias diferenças entre os dois atores, há uma forte afinidade entre eles: ambos reproduzem e aumentam seus raios de influência graças à crescente disjunção entre opinião pública, política partidária e Estado.

Para as ONGs, o acesso à mídia é fundamental, já que elas não possuem "bases" sociais, e os laços que as ligam a seu público potencial são frágeis e ativados em função de acontecimentos específicos. Inclusive porque os grupos sociais que elas procuram representar ou expressar são, em geral, pouco ou nada estruturados e, na maioria das vezes, sem recursos para ter um impacto direto no sistema econômico ou político. Por isso, parte de suas atividades tem como objetivo obter um impacto midiático. Existir implica a capacidade de chamar a atenção da imprensa, inclusive com ações sensacionalistas, por vezes nos limites da legalidade, como tem sido, por exemplo, a atuação de grupos ambientalistas ou do MST.

Nas sociedades democráticas contemporâneas, os meios de comunicação são particularmente sensíveis ao tipo de mensagem de denúncia moral. Por sua auto-representação como consciência da sociedade e por sua capacidade efetiva de influenciar a opinião pública, eles tendem a se apresentar como expressão moral da sociedade. Embora cumpram um papel social importante, não deixam de ser sucedâneos de mecanismos efetivos de participação e de discussão social, que só poderiam se dar em espaços de elaboração de opiniões que, nas democracias modernas, são ainda, apesar de todas as suas limitações, os partidos políticos.

As ONGs apresentam três grandes desafios à dinâmica democrática. O primeiro é o da responsabilização, ou melhor, desresponsabilização social do Estado. Há uma tendência, tanto de governos como de instituições internacionais, a transferir para as ONGs responsabilidades sobre serviços sociais. Isso explica, inclusive, o aparente paradoxo do amplo sucesso da "sociedade civil" e da sua principal expressão, as ONGs, no sentido de serem promovidas tanto por aqueles que criticam o modelo neoliberal como pelos seus defensores.

A maioria das organizações que se autodenominam "sociedade civil", como vimos, posiciona-se explicitamente contra o neoliberalismo e, em geral, a globalização. Contudo, as instituições internacionais e empresariais associadas ao neoliberalismo e à globalização desenvolveram na última década uma cruzada contra a ineficiência e a corrupção do Estado e contra seu papel como produtor direto de bens e de serviços públicos. Assim, a crítica ao Estado, apresentada pela "sociedade civil", é reapropriada por essas instituições, que inclusive se dispõem a financiar as instituições da "sociedade civil" como forma de diminuir o papel do Estado, transferindo responsabilidades às ONGs.

De fato, as ONGs apresentam, diante da inércia da máquina estatal, a vantagem de uma enorme flexibilidade e criatividade. Elas são, além de promotoras de causas sociais, centros de experimentação de novas práticas e soluções para os desafios de um mundo em mutação, que apresenta constantemente novos problemas. As ONGs correspondem, na dimensão pública, às empresas *start-ups* (pequenas empresas com grande capacidade de inovação tecnológica) no campo do mercado, em que as grandes corporações enfrentam o mesmo problema da máquina do Estado: o peso da inércia interna. Mas, se no caso das *start-ups* a dinâmica de mercado favorece a absorção das experiências bem-sucedidas pelas grandes empresas, nas relações entre ONGs e Estado essa dinâmica é mais complexa. O perigo é que o Estado, em função de limitação de recursos e prioridades políticas, utilize as ONGs para se desincumbir de suas responsabilidades e não assuma as experiências bem-sucedidas ou utilize somente experiências isoladas como "vitrine publicitária".

O desafio é relacionar as redes horizontais — representadas pelas ONGs, com sua capacidade de mobilização local e porosidade social — às estruturas verticais do Estado, que possui recursos e alcance nacional, e criar um círculo virtuoso, em que os respectivos espaços sejam respeitados.[9] Caso contrário, o efeito paradoxal da ação das ONGs é o de aumentar a heterogeneidade e a distância no interior dos setores mais pobres, já que, na maioria dos casos, elas atuam pontualmente, concentram-se nas grandes cidades e em áreas populacionais determinadas — em geral com lideranças locais mais empreendedoras e com uma maior capacidade de absorver a ação das ONGs. Obviamente, não se trata de negar o valor concreto dessas iniciativas, mas de lembrar que a diminuição da desigualdade social depende fundamentalmente da ação estatal orientada para os setores sociais com menos condições de absorver apoios externos ou de elaborar propostas e reivindicar recursos.[10]

O segundo problema suscitado pelas ONGs é o da representação. Elas não fundamentam sua legitimidade na representação numérica dos cidadãos, mas no *ethos* moral e no valor intrínseco das causas que defendem. Contudo, à medida que algumas ONGs ou outras organizações da "sociedade civil" passam a se autoproclamar a expressão da "sociedade civil organizada", reproduzem todos os erros e os defeitos das antigas organizações vanguardistas. Essa visão supõe que preexiste uma "sociedade civil" desorganizada, homogênea e naturalmente virtuosa, e que falta, somente, dar-lhe voz. Mas as contradições da sociedade se reproduzem no nível das ONGs. Por que critério uma ONG seria mais representativa que outra? Qual é o fundamento da legitimidade de uma ONG e não de outra para "representar" uma "causa" em foros internacionais?

Para certos autores, as ONGs representam o fundamento de uma futura "sociedade civil" internacional. Como expressão de uma vontade utópica,[11] essa visão é legítima. Quando ela é considerada uma realidade já concreta, seja por ativistas, seja por sociólogos,[12] é analiticamente insustentável e politicamente irresponsável. Certos teóricos, na vontade de dar corpo a uma "sociedade civil" global, descartam de forma apressada o Estado para pregar uma sociedade cosmopolita, na qual as ONGs são apresentadas como o esqueleto de uma "sociedade civil" internacional. Mas, como indicamos anteriormente, elas reproduzem as dissimetrias do sistema internacional e a diversidade social de cada sociedade.

Finalmente, o terceiro problema é a associação de certas ONGs com o conceito do "empowerment", difundido em particular pelo movimento feminista americano e hoje veiculado tanto por fundações americanas como pelas instituições internacionais. A própria dificuldade de traduzir esse conceito para línguas latinas indica não só sua origem anglo-saxônica como sua associação a uma tradição política que toma como ponto de partida os indivíduos à margem do sistema político e de ideologias partidárias.

A idéia de "empowerment" é, de certa forma, a versão liberal-radical da "consciência de classe" marxista, para a qual a classe social preexistia à consciência de si mesma, e a função dos sindicatos e dos partidos socialistas seria permitir aos operários conscientizar-se de seus interesses "objetivos". Em ambos os casos, supõe-se que o grupo dominado preexiste, que basta fornecer-lhe os instrumentos adequados para que ele assuma seu destino. Assim, no caso do "empowerment", temos que as mulheres, os negros ou os índios seriam, por definição, grupos subordinados e que deveriam ser ajudados para que assumam seus interesses enquanto grupos com identidades específicas.

A ideologia do *empowerment* reproduz os mesmos erros da ideologia marxista, isto é, supõe que o grupo preexiste à ideologia e que alguém do exterior tenha condições de conhecer a verdadeira identidade dos oprimidos. Essa contradição, inerente a qualquer disposição de intervenção social fora dos limites do próprio grupo, incorre em riscos enormes, que, não sendo contornáveis, devem ser sempre fonte de reflexão nos projetos de ação social. O primeiro é o da colonização externa, pela exportação de modelos identitários surgidos em contextos societários muito diferentes. O segundo é o da imposição de uma forma de intervenção política alheia às tradições locais, implodindo ainda mais o sistema de representação política dos grupos subalternos e, por vezes, desestabilizando o conjunto do sistema político.

O tema do "empowerment" leva-nos finalmente à questão da globalização e da criação de uma "sociedade civil" global pelo surgimento de "redes" que teriam o poder de se transformar em uma alternativa democrática às estruturas dominantes. Mas, como indicamos, a análise social crítica, sem negar a importância e eventual eficácia dessas redes e do surgimento de agendas alternativas globais, não pode deixar de questionar, além dos processos pelos quais se constitui a "sociedade civil" internacional, as problemáticas discutidas no seus foros e como elas reproduzem, consciente ou inconscientemente, sistemas de valores e de atuação social que ainda estão muito distantes de absorver a diversidade social e cultural do mundo que elas pensam representar e defender.

A reconstrução do mundo pelos direitos humanos e pelo mercado?

Sob o rótulo geral de "período populista", caracteriza-se um período que se estende por boa parte do século XX, quando os países latino-americanos processaram a integração política e social dos setores populares dentro de um sistema de direitos-cidadãos. Esses processos de integração divergiram enormemente de país para país. Em certos casos, a integração social — em particular em termos de acesso a educação e saúde — foi extremamente ampla e bem-sucedida, como na Argentina, graças, em particular, ao peso de sindicatos fortes em uma sociedade precocemente urbana e com carência de mão-de-obra. Mas a Argentina fracassou na consolidação de um sentimento de comunidade cívica, expresso no abismo da cultura política aberto pelo peronismo, que por sua vez se alimentou da herança de uma elite reacionária e das desventuras do partido radical nos anos 20.

Em outros casos, como no Brasil, a extrema desigualdade social e a limitada integração da população nos serviços públicos foram parcialmente compensadas por um dinamismo econômico, uma fronteira aberta, uma cultura religiosa sincrética, a miscigenação e a mobilidade geográfica e social (que levou à criação de novas classes médias que se mostraram permeáveis à cultura popular e a uma indústria cultural que criaram espaços de forte convivência intra-classista). Assim, a enorme distância social e econômica não se transformou em distância cultural, sem dúvida um dos grandes méritos da sociedade brasileira.

O mundo andino apresenta, por sua vez, uma enorme diversidade: de um lado, o Chile, como um país com um Estado centralizador que, a partir da Guerra do Pacífico, mostrou uma alta capacidade de integração política e de geração de valores nacionais, apesar da desigualdade social; de outro lado, países como Bolívia, Peru e Equador, nos quais o peso dos grandes latifúndios oprimiu a população indígena e a isolou social e culturalmente do sentimento de pertencer a uma comunidade nacional de cidadãos. Finalmente, para dar mais um exemplo, e sem nos referir ao rico caso mexicano, o Uruguai e a Costa Rica se apresentam como países que conseguiram o maior sucesso de integração social, política e cultural.

Todos esses modelos de integração social entraram em colapso a partir dos anos 60 e 70 em razão do esgotamento do padrão de crescimento econômico e da impossibilidade de manter os sistemas tradicionais de cooptação de setores emergentes através do uso de recursos públicos. A explosão urbana e a expansão das expectativas e dos valores democráticos determinaram a crise do modelo de crescimento e do sistema de integração das classes médias e de parte do mundo do trabalho, crise que se expressou em uma inflação galopante e na estagnação econômica.

A inflação era o principal sintoma da incapacidade dos Estados de impor uma disciplina ao conflito distributivo: ela alimentava os setores rentistas e especulativos da sociedade e golpeava duramente os setores mais pobres da população. Nesse contexto, o principal receituário disponível — desenvolvido pelos organismos internacionais de financiamento e apoiado, em particular, pelos Estados Unidos — para enfrentar a inflação e obter crédito internacional propunha um conjunto de reformas estruturais, cujo principal objetivo era enxugar os gastos do Estado através de privatizações e reformas do sistema previdenciário e tributário, assim como uma maior abertura da economia ao exterior e reformas na legislação trabalhista.

Tratava-se de uma agenda que implicava a transformação radical do modelo de integração social até então dominante na América Latina, onde o Estado ocupava um lugar central na cooptação dos grupos sociais emergentes. Sua aplicação só foi possível porque o antigo modelo tinha se esgotado e era visto por diversos setores da população cada vez mais como um sistema de distribuição de privilégios, incapaz de gerar crescimento econômico e de oferecer serviços públicos universais e de qualidade. Em outras palavras, boa parte das reformas estruturais, inclusive as privatizações, foram aceitas ou mesmo apoiadas pela população, não só porque elas eram apresentadas como necessárias ao combate à inflação, mas porque o Estado, que tinha desempenhado um papel central no desenvolvimento da América Latina no século XX, passou a ser visto como uma fonte de privilégios, corrupção, ineficácia e opressão burocrática.

Ora, se o programa de reformas estruturais foi implementado em maior ou menor profundidade em todos os países da América Latina, seu impacto foi muito diferente de país para país.[13] As conseqüências dependeram da extensão de direitos e dos setores sociais atingidos (assim, por exemplo, o caso argentino, em que a maioria da população assalariada estava integrada ao sistema de proteção social, não é o mesmo que o peruano e o brasileiro, em que parte considerável da população urbana se encontrava no setor "informal"). Dependeram também da forma como foram realizadas as privatizações e montadas as agências de regulação das concessões de serviços públicos (o assalto organizado aos cofres públicos durante o governo Menem não pode ser comparado à "civilidade" dos governos democráticos no Chile pós-Pinochet nem de Fernando Henrique Cardoso no Brasil) e dependeram ainda dos investimentos diversos em políticas sociais (enquanto, por exemplo, a educação pública primária e secundária no Brasil nos anos 90 se expandiu em termos absolutos e relativos, sofreu forte processo de privatização na maioria dos outros países do continente).[14]

No conjunto, porém, as reformas estruturais não levaram a maior igualdade. Diante dessa situação, economistas e organismos internacionais, em particular o Banco Mundial, começaram a promover "políticas focais", isto é, a concentração dos recursos do Estado em "públicos-alvo" definidos, geralmente os setores mais pobres da população ou segmentos específicos (mulheres, grupos étnicos etc.).

A contraposição entre serviços universais e políticas focais, que hoje atravessa o debate entre economistas na América Latina, como toda contraposição esconde, mais do que esclarece, os problemas envolvidos, embora indique tendências profundas da sociedade contemporânea. Nenhuma sociedade possui somente serviços universais ou políticas focais. Estados Unidos, país de "políticas focais", possui serviços universais. Inclusive na Europa e no Canadá convivem políticas focais com as políticas dominantes de serviços universais. Embora as comparações deixem de lado inúmeros fatores históricos, os resultados em termos de sociedades mais igualitárias e eficácia dos investimentos (em particular na área da saúde) favorecem o modelo de serviço universal, cujo calcanhar-de-aquiles é sua sustentabilidade diante do aumento da longevidade e da diminuição da taxa de natalidade. Por outro lado, em países como o Brasil políticas aparentemente universais encobrem práticas focais de favorecimento dos grupos sociais mais ricos da população.

As reformas estruturais representam um marco histórico na transformação das sociedades latino-americanas no sentido de questionamento de um modelo em que as elites e as classes médias eram estadocêntricas. A integração das novas gerações de classes médias nos circuitos internacionais de negócios e serviços, a orientação da sociedade para expectativas de consumo definidas por padrões globais e a perda de legitimidade da política e dos políticos exigem a redefinição das relações entre o Estado, a sociedade e os diferentes grupos sociais. Esse processo está em curso e seu desenlace, em aberto.

Mas se as chamadas reformas estruturais significam um passo em direção a uma maior disciplina social, elas não constituem uma proposta de organização da sociedade. Os organismos internacionais — ao observarem que as reformas econômicas não transformaram as práticas consuetudinárias no trato dos recursos públicos, nem diminuíram os problemas sociais — passaram a reconhecer a existência de uma problemática institucional, a ser levada em consideração junto com as reformas econômicas. Ora, se as propostas das instituições financeiras internacionais já apresentavam problemas no que diz respeito à economia, por usar um receituário universal que desconhecia as especificidades nacionais, no momento em que passaram a enfrentar o tema institucional, por natureza muito mais associado a circunstâncias históricas locais, as fórmulas propostas são ainda mais lastimáveis.

A nova agenda institucional teve como fundamento a mobilização de dois tipos de conceitos e propostas: a) o fortalecimento da "sociedade civil" e do "capital social",[15] ambos centrados em conceitos que não interferem nem no mercado nem no sistema de distribuição de riqueza, mas que teriam virtudes milagrosas de melhorar a sociedade; e b) o uso de modelos institucionais de *best practice* (melhores práticas) e *benchmark* (standard de referência) nas áreas de serviços públicos, seja saúde, educação ou justiça, inspirados, em geral, na experiência estadunidense.

Em um retorno às primeiras e mais primitivas elaborações da teoria da modernização dos anos 50, esses conceitos (como em outra época foi o "espírito empresarial") procuram identificar características que teriam conseqüências virtuosas universais sobre a sociedade. Assim, como mostra o texto retirado do *site* do Banco Mundial,[16] o elixir do "capital social" permitiria:

> Crime/ Violência: Valores e normas compartilhadas podem reduzir ou manter baixos os níveis de violência nas comunidades. Pessoas que mantêm relações informais com seus vizinhos podem vigiar uns aos outros e "policiar" a vizinhança.
>
> Economia & Comércio: Há evidências crescentes de que o comércio no nível macro é influenciado pelo capital social — um recurso de propriedade comum cujo valor depende do nível de interação entre as pessoas.
>
> Educação: Evidências consideráveis indicam que o envolvimento da família, da comunidade e do Estado na educação melhoram os resultados.
>
> Meio Ambiente: Gerenciamento dos recursos de propriedades comuns supõe a cooperação com o objetivo de assegurar a sustentabilidade dos recursos para o benefício de todos os membros da comunidade, no presente e no futuro.
>
> Finanças: Um sistema de finanças estável, seguro e justo é primordial para o crescimento sustentável.

Saúde, nutrição & população: pesquisas recentes mostram que quanto menor o nível de confiança da população, maior o promédio da taxa de mortalidade.

Informação tecnológica: ... tem o potencial de aumentar o capital social — em particular funciona como uma ponte entre o capital social capaz de conectar atores com recursos, relações e informações para além de seu ambiente imediato.

Pobreza & Desenvolvimento Econômico: ... especialistas em desenvolvimento e crescimento estão descobrindo a importância da coesão social para que as sociedades prosperem economicamente e o desenvolvimento seja sustentável.

Desenvolvimento Rural: O capital social é significante por afetar a capacidade da população rural de se organizar para o desenvolvimento. O capital social ajuda os grupos a realizar atividades-chave e de maneira efetiva e eficiente no caminho para o desenvolvimento.

Desenvolvimento urbano: As áreas urbanas, com seu anonimato e ritmo acelerado, podem ser pouco condutivas para a cooperação na sociedade. Capital social e confiança são mais difíceis de se manter e desenvolver em grandes grupos.

Abastecimento de Água & Saneamento: O capital social contribui para compartilhar informações sobre saneamento, assim como para a construção da infra-estrutura da comunidade.

O conceito de capital social foi retirado de um marco teórico preciso, o individualismo metodológico, e posteriormente associado a estudos sobre o norte da Itália, contraposto à realidade do sul desse país.[17] O conceito de "capital social" é fundamentalmente uma elaboração sobre o óbvio: que uma sociedade funciona melhor quando seus membros têm confiança uns nos outros; que o associativismo dentro de estruturas horizontais e a cooperação aumentam a informação e as oportunidades sociais; que o respeito aos valores cívicos é um fator de desenvolvimento. O conceito de capital social enfatiza as formas de sociabilidade cotidiana, as orientações culturais, em contraposição às instituições formais.

Utilizado como instrumento de desenvolvimento econômico, trata-se de procurar (e fortalecer) fatores virtuosos fora das instituições do Estado.

Transformado num paradigma universal, dissociado do contexto social e das complexas e variadas relações de confiança/desconfiança, igualdade, hierarquia, solidariedade de grupo/desconfiança frente ao outro, o conceito de capital social desconhece a rica experiência de outras culturas, como as dos países asiáticos, onde sistemas de relações hierárquicos se mostraram altamente eficazes na promoção do crescimento econômico e da igualdade social.

Os estudos sobre capital social pressupõem que a afiliação a organizações voluntárias constitui uma medida universal do nível de desenvolvimento das relações horizontais de abertura e confiança entre as pessoas de uma comunidade. Trata-se, porém, de uma medida que considera as razões que podem levar uma pessoa a afiliar-se a organizações voluntárias. Por exemplo, em sociedades como a norte-americana, em que as pessoas mudam constantemente de local de moradia, a afiliação a organizações voluntárias constitui um mecanismo para estabelecer relações sociais, mas não implica necessariamente níveis de confiança maiores do que os apresentados em comunidades com baixa mobilidade espacial, em que as pessoas não precisam estar afiliadas a organizações formais para manterem altos níveis de confiança entre si (por exemplo, no Japão, na Suíça ou na Alemanha).

Toda sociedade se constrói em torno de uma mistura de relações de confiança/desconfiança, ambas necessárias à vida social, sustentada em padrões que dependem do funcionamento efetivo das instituições. A falta de confiança no funcionamento das instituições públicas se apóia muitas vezes na valorização das relações interpessoais, sendo portanto fonte de capital social, enquanto a confiança no efetivo funcionamento da lei permite uma baixa intensidade subjetiva nas relações pessoais. Por outro lado a confiança nas relações quase anônimas se apóia finalmente não em orientações subjetivas, mas na certeza de que os atos ilegais não permanecerão impunes. Em suma, é teórica e praticamente impossível deslindar as superposições entre instituições formais e padrões de conduta.

Se a utilização de conceitos sem densidade teórica não resulta em mais do que um fiasco intelectual, a transferência de modelos de serviços públicos extraídos de outros contextos apresenta perigos óbvios. Pensar que *best practices* e *benchmarks* podem ser retirados do contexto societário e transferidos sem que se considerem as realidades locais significa violar todo o conhecimento adquirido em um século de ciências sociais. Além de uma violência intelectual, eles implicam uma violência política, já que as *benchmarks* apontadas como práticas ideais são geralmente retiradas do interior de uma sociedade, a estadunidense, que tem apresentado, entre os países desenvolvidos, altos níveis de desigualdade social e os piores recordes de eficiência de seu sistema de saúde e educação.

Temos um conhecimento sociológico precário de como funcionam as instituições financeiras internacionais, o que dificulta explicar esse primitivismo intelectual. Sabemos que parte do problema pode ser creditada à influencia política estadunidense, parte ao fato de que são dirigidas por economistas, cuja sensibilidade sociológica é bastante limitada, mas parte também deve ser atribuída a uma lógica de atuação global em que os conceitos e métodos devem ser aplicados universalmente. Contudo, ao contrário da lógica das empresas multinacionais, que procuram adaptar-se à realidade dos mercados locais sob pena de verem diminuir suas vendas, no caso das instituições financeiras internacionais os custos são absorvidos pelos países receptores, que devem aceitar a imposição das modalidades sob as quais poderão receber financiamento. Obviamente esses modelos se mostram ciclicamente inadequados, o que permite às instituições internacionais engavetarem os "velhos" conceitos e criarem outra moda que permitirá um novo ciclo de experiências...

A tendência à generalização e à homogeneização das políticas públicas promovidas pelas instituições internacionais só poderá ser corrigida pelo fortalecimento da imaginação criativa dos partidos políticos e da tecnocracia e pela integração dos poderes públicos com as instituições locais (municípios, universidades, associações empresarias, usuários, ONGs) na operacionalização das políticas púbicas. Sistemas rígidos de aplicação e de avaliação dificultam o entrosamento criativo entre o Estado e a sociedade, o único capaz de dar conta da complexidade social.

A opinião pública global e os Estados nacionais

A formação de uma opinião global é um processo de longa duração. Desde suas origens, no século XVIII, a opinião pública foi um fenômeno transnacional, intra-europeu, com reverberações nas elites das colônias. Nos séculos XIX e XX, a opinião pública internacional constrói-se em torno das grandes ideologias políticas — liberalismo, nacionalismo, socialismo e comunismo —, canalizadas fundamentalmente por partidos políticos — que eram seus principais vetores de difusão. Ao mesmo tempo, conviviam lado a lado com as estruturas partidárias outros movimentos sociais, como a luta feminista pelo voto.

Enquanto a antiga opinião pública nacional associada aos partidos políticos se expressava através de projetos com propostas definidas de organização da sociedade e do Estado nacional, a nova opinião pública, associada à chamada "sociedade civil", se organiza em torno de reivindicações ao Estado de temas específicos, mobilizadas geralmente por eventos com repercussão midiática. Enquanto a antiga opinião pública constituída em torno de ideologias políticas reivindicava o poder do Estado, a opinião pública associada à "sociedade civil" se organiza a partir de mobilizações *contra* o Estado ou de demandas *ao* Estado. Se, por um lado, ela possui a capacidade de reformar certas práticas do poder público, por outro ela desenvolve um discurso de despolitização e deslegitimação das instituições e de alienação do cidadão de suas responsabilidades como agente da ordem política.

A ideologia dos direitos humanos dissocia o social do Estado e da nação, e as novas lutas sociais centradas em reivindicações de direitos deslegitimam a noção de interesses. Ora, as relações internacionais continuam estruturadas em torno de interesses nacionais, e a disposição dos estados de defendê-los — inclusive, se necessário, indo à guerra — tem como base a disposição da opinião pública de apoiar que seus cidadãos "morram pela pátria", isto é, pela representação de um interesse coletivo.

O Estado continua mantendo *legitimidade operacional* — isto é, continua se esperando dele que assegure a ordem, os serviços públicos e o crescimento econômico —, mas ele perde sua aura de *legitimidade transcendental*, associada historicamente a seu papel de representante da pátria e da nação, as quais perderam grande parte de seu poder discursivo mobilizador. A profissionalização dos exércitos em praticamente todos os países desenvolvidos e o fim da conscrição obrigatória são os sintomas mais óbvios do fim de um período histórico.

Os direitos humanos e a democracia, isto é, o uso da negociação como mecanismo de criação de consenso, só podem ser plenamente efetivos no interior de uma sociedade democrática, enquanto no plano internacional a luta pelos direitos humanos e a democracia convivem com realidades que exigem a defesa pragmática dos interesses nacionais.

Historicamente, nos países desenvolvidos, essa dupla realidade da vida política nacional e internacional se expressava na convivência da democracia no plano interno com o nacionalismo no plano externo. À medida que o nacionalismo deixa de ser uma força motora, a capacidade dos Estados nacionais de atuar de forma efetiva, se necessário usando a força militar, tende a se enfraquecer. O "desligamento" do Estado nacional da capacidade mobilizadora nacionalista é particularmente relevante nos países onde a força econômica poderia representar um poder político-militar.

Os processos de desinstitucionalização — pelos quais o Estado perde sua aura de representante do interesse geral, capaz de unir a população em torno de valores e interesses da pátria e da nação, anteriormente vividos como sagrados e pelos quais se justificava lutar e morrer — são particularmente avançados na Europa e no Japão, influenciados pela experiência traumática da Segunda Guerra Mundial e das guerras coloniais.

A construção européia implicou o abandono de nacionalismos e da referência a uma história de guerras que já não podem ser apresentadas como experiências gloriosas, já que os inimigos de outrora são os concidadãos do presente. Não é casual que, na

União Européia, seja o Reino Unido — o único país a sair da Segunda Guerra Mundial com sua auto-estima nacional reforçada — o país que mantém maior capacidade militar e um sentimento forte de sua soberania nacional. A estratégia francesa manteve uma constante ambigüidade: país que desde as guerras napoleônicas se encontra em declínio relativo no concerto internacional em virtude da perda de peso demográfico e econômico, após a Segunda Guerra Mundial a França procurou, numa aliança privilegiada com a Alemanha, alavancar sua posição através do fortalecimento da Europa, mantendo ao mesmo tempo seu lugar de nação protagonista. Tal estratégia supõe a capacidade francesa de controlar ou liderar a União Européia, o que é cada vez mais duvidoso, já que hoje ela é composta por 26 nações bastante díspares.

A formação do mercado único europeu se construiu, assim, em torno da ideologia dos direitos humanos e do enfraquecimento dos nacionalismos e da soberania nacional. A União Européia passa por enormes dificuldades para criar uma vontade política, para além dos interesses econômicos. A paralisia da vontade geopolítica que essa situação produz se expressou na crise da Iugoslávia, quando um genocídio nas fronteiras da União Européia só foi enfrentado quando entrou em cena a vontade dos Estados Unidos, que pelas mãos da Nato impôs a intervenção militar, fora do marco das Nações Unidas.[18]

Paradoxalmente, as chances de um mundo multipolar, principal base para fundar uma política internacional multilateralista e responsável por uma agenda que sustente novas formas de governança internacional mais democrática, são reduzidas pela ação da "sociedade civil", que, ao mobilizar a bandeira dos direitos humanos, enfraquece a capacidade dos Estados de desenvolverem justificativas ideológicas que expliquem investimentos maciços no setor militar.

IV. Transformações sociais e a judicialização do conflito social na América Latina

O exercício do poder é a capacidade de controlar as fontes de incerteza e de transferir o custo do imprevisível para outros indivíduos/grupos sociais. A revolução do direito moderno foi impor aos grupos dominantes a incerteza jurídica, isto é, uma forma de distribuição de justiça à qual eles não podem transferir seu poder econômico ou político específico, devendo portanto aceitar uma situação de igualdade e de incerteza diante do processo judicial. Para assegurar seu caráter universal, a lei, na visão liberal, deve tratar todos os sujeitos da mesma forma, isto é, não pode permitir que o acesso desigual a recursos de poder de outras esferas (econômica, política, cultural) invada a esfera do poder jurídico.[1] Como vimos, a igualdade perante a lei foi aperfeiçoada à medida que foram criados mecanismos compensatórios para relações contratuais em que as partes comandavam um poder desigual de negociação.

O debate sobre a cidadania na América Latina nos remete a uma questão que se encontra no coração da idéia de direitos-cidadãos: a capacidade do Estado de proteger os cidadãos. A proteção tem mão dupla: para ser protegido, o indivíduo tem de proteger sua comunidade através de uma série de obrigações, em particular pela participação na vida pública e, em última instância, pela sua defesa física. A consolidação de muitos direitos na Europa e nos Estados Unidos como decorrência da participação dos setores populares em guerras patrióticas confirma um tema central nas relações entre o Estado e a sociedade: a exigência de participação dos indivíduos na proteção do Estado teve de ser recompensada com a proteção do indivíduo pelo Estado.

A judicialização do conflito social na América Latina, além dos processos indicados, foi radicalizada pela convergência de três fatores específicos:

1) As novas constituições que se seguiram ao fim do ciclo de ditaduras, nos anos 70 e 80, fortaleceram o papel das cortes constitucionais, criaram novas instâncias de defesa do direito da cidadania e ampliaram os direitos assegurados pela constituição.[2]

2) O caráter conjuntural das leis, em função das necessidades da política econômica de luta contra a inflação e de estabilização monetária, implicou quebra de contratos por parte do Estado (produzindo uma inflação de leis), pôs os cidadãos e as empresas contra os Poderes Legislativo e Executivo e transformou o Judiciário no árbitro do conflito social.

3) Paradoxalmente, a judicialização do conflito social se desenvolve em um momento em que parte significativa da população trabalhadora do continente vive o sentimento de perda de direitos (trabalhistas e de previdência social). Essa perda de direitos — sem dúvida real — foi acompanhada por uma expansão de direitos em outras áreas (como, por exemplo, em relação à mulher, à infância, à cultura, à ecologia). Assim, em parte, temos uma perda de direitos (alguns dos quais expressavam privilégios corporativos), mas também temos um deslocamento de direitos, em um jogo que não é de soma zero. Como vimos, a criação de novos direitos derrubou a noção tradicional de desigualdade social, que tinha como substrato a visão unitária da sociedade.

4) Na América Latina, a prática da impunidade — isto é, de fazer valer, no campo jurídico, o poder que emana de outras esferas — foi sempre dominante nos grupos privilegiados, mas transformou-se em uma cultura que permeia toda a sociedade, o que põe em dúvida a universalidade do sistema jurídico.

A judicialização do conflito social na América Latina não pode ser, portanto, avaliada simplesmente como um processo virtuoso ou negativo. Ela é expressão da democratização da sociedade e ocupa o espaço das instituições políticas incapazes de gerar respostas e visões de futuro que organizem o conflito social dentro do quadro político-partidário.

Como vimos, a judicialização do conflito social tem limitada eficácia como instrumento de diminuição da desigualdade social, pois delimita a representação de interesses a nichos sem uma visão de conjunto da sociedade e fragiliza a política partidária, que é substituída, na produção de "utopias paroquiais", por novos atores cujas reivindicações têm, em geral, um impacto mais simbólico que prático.

A distância — um verdadeiro abismo, para alguns — entre o mundo das leis e a realidade social parece repor em novos termos a antiga dicotomia, enunciada pelo político e intelectual argentino Domingo Faustino Sarmiento, de que a América Latina estaria condenada a um vaivém entre civilização e barbárie, entre os valores europeus e a realidade social das massas do continente, entre constituições liberais e povos despreparados para o exercício da democracia (produto, segundo diversas versões, da hostilidade da vida nos pampas, da exuberância das florestas tropicais ou da opressão a que foram condenados os indígenas ou os antigos escravos, entre outras causas)[3].

A versão contemporânea "progressista" de tal visão é de que a barbárie seria gerada não pelo "despreparo" do povo, mas pela exclusão social associada ao modelo neoliberal. Em princípio, os atores coletivos e os movimentos sociais populares seriam essencialmente virtuosos, mas as políticas impostas pelas agências internacionais, a serviço de um certo modelo de globalização, produziriam pobreza, miséria, exclusão social e o crescimento da desigualdade social, atentando contra o funcionamento da democracia e gerando um potencial de violência individual e/ou coletiva.

As sociedades latino-americanas contemporâneas, porém, mudaram profundamente, e a visão dicotômica, que opõe um mundo social "real" a um mundo jurídico "formal", perdeu sua atualidade, assim como a visão geral de uma realidade "profunda" e virtuosa, cujo potencial não se concretiza em razão da ação de fatores externos.[4]

Uma vez que a oposição entre o real e o formal não serve mais como parâmetro para entender onde estamos e o que nos falta para chegar ao "ponto ideal" — um paradigma através do qual o sociólogo parecia mostrar a verdadeira face da sociedade, enquanto o jurista "positivista" parecia viver num castelo sem alicerces sociais —, devemos elaborar novos modelos de dinâmica social que expliquem como, apesar de a nova sociabilidade latino-americana ter integrado valores igualitários e individualizantes, eles não chegam a ter maiores conseqüências no sentido de diminuir a desigualdade social e a violência. Assim, em vez de se produzirem novas versões da antiga dicotomia entre o mundo jurídico formal e o mundo social real, trata-se de destrinchar o paradoxo de uma sociedade que se quer igualitária, reivindica valores liberais e de justiça social e se identifica com eles, mas que continua a gerar desigualdade e desrespeito às normas de convivência cívica.

Cidadania na América Latina: variações da modernidade

Como vimos no primeiro capítulo, a cidadania se constituiu em torno de comunidades nacionais, através de valores compartilhados, sedimentados durante a história de construção da nação e, em geral, referidos a um mito de origem. A cidadania na América Latina foi condenada a ser vivida, com características que mudam de país para país e segundo a época, sob um vaivém entre a idéia de cidadania e sociedade desejável definida por um modelo estrangeiro e a procura de uma cultura nacional autêntica a partir da qual se constituiria uma forma própria de ser.

A Europa — e, em menor medida, até a segunda metade do século XX, os Estados Unidos — foi, para a América Latina, desde as lutas pela independência, a fonte de modelos de sociedade desejável com as quais se identificavam as elites. Estas se "viam" nas sociedades européias, e era a imagem daquelas sociedades que elas queriam ver realizada nos seus países. Mas, como sabemos, não era a realidade que elas encontravam e que suas práticas sociais reproduziam. A enorme distância social construída sobre séculos de exploração — a escravidão de africanos na Costa Atlântica e no Caribe e de índios na Costa do Pacífico e no mundo andino — transformou-se num fosso cultural entre o povo e os grupos dominantes, fosso em que as raízes e o autóctone eram identificados com o atraso e a barbárie.

Alcançar a modernidade significava, para as elites, esquecer o passado indígena ou africano e reconstruir a comunidade nacional a partir das idéias européias.[5] Os partidos socialistas e comunistas não modificaram a tendência de desvalorização do passado e de se apostar tudo no futuro, dentro de um discurso no qual a cultura popular deveria ser evacuada de seus elementos "mistificadores", em particular a religião*.

Periodicamente, na América Latina, foram realizados esforços de recuperação do mundo reprimido, de repensar a nação pela integração das culturas dos povos oprimidos. Essa recuperação teve no indigenismo hispano-americano de inícios do século XX sua primeira expressão importante, e possivelmente seu impacto cultural mais amplo esteve associado à Revolução Mexicana e suas diversas expressões artísticas, teorizadas por José Vasconcelos nas suas idéias de uma nova "raça universal".

Mas tais esforços, renovados posteriormente através de nacionalismos de inspiração neofascista, como no movimento Integralista no Brasil ou no revisionismo histórico peronista, não modificaram as expectativas fundamentalmente miméticas em relação aos países centrais. A partir dos anos 50, com os processos de urbanização, a orientação de identificação com as sociedades desenvolvidas expandiu-se para toda a sociedade. Assim, a maioria dos setores sociais passou a compartilhar o desejo de querer ser moderno, isto é, de chegar a ser igual aos países desenvolvidos, nas suas várias versões e modelos — liberais, social-democratas e comunistas — oferecidas à época.

A vontade imitativa difere em cada caso nacional e momento histórico, bem como a insatisfação com "o que somos e por que somos" muda de foco. Da insatisfação com o "primitivismo" do povo — característica das elites latino-americanas da segunda metade do século XIX e cristalizada na obra *Civilização e barbárie*, de Sarmiento — à insatisfação com a desigualdade social contempo-

---

* Certos autores marxistas, como o peruano Mariategui, nos anos 30, procuraram na experiência inca uma possível fonte evocadora de um comunismo primitivo, mas sem maiores conseqüências para a teoria marxista e o socialismo latino-americano.

rânea, passou-se por um longo processo de integração dos diversos setores sociais no sistema político e cultural e de construção do Estado nacional. *Nesse espaço de insatisfação, entre o que somos e o que desejamos ser, instalaram-se a hipertrofia das expectativas salvacionistas de cada novo governo e o sentimento de viver em uma sociedade sempre aquém de nossos desejos.*

O constante refletir-se nos países avançados marcou a própria ciência social, dividida entre uma tendência dominante que tomava como referência a concepção de modernidade definida pelos autores clássicos das ciências sociais, cuja inspiração era a experiência histórica de seus próprios países, e a vertente que procurava reconhecer nas culturas nacionais traços civilizatórios particulares, não deduzíveis de uma teoria geral da modernização.[6]

O olhar-se através da experiência dos países capitalistas centrais implica distorcer essa mesma experiência, pois cria-se um prisma idealizador. Isso explica as diferentes visões que a teoria social na América Latina e na Europa tem da modernidade. Como indica Martuccelli,[7] na teoria social clássica a experiência moderna é uma experiência trágica, que desnuda a condição humana que perdeu suas referências no mundo e os alicerces dados pela fé e pela tradição. Na teoria social latino-americana, a modernidade aparece como um ideal a ser atingido, e a modernização como o caminho para se alcançar uma maior harmonia e felicidade. Na Europa, o trágico é ser moderno. Na América Latina, o trágico é pensar que não conseguimos ser modernos.

Os estudos sobre a cidadania na América Latina estão permeados pela visão idealizadora da experiência moderna e do olhar que se autodefine pela imagem construída sobre o que deve ser a cidadania. Mesmo as versões mais elaboradas sobre a cidadania não conseguem liberar-se dessa visão. Tomemos como exemplo o conceito de "cidadania regulada", de Wanderley Guilherme dos Santos, definida como "a cidadania cujas raízes encontram-se, não em um código de valores políticos, mas em um sistema de estratificação ocupacional ... definido por norma legal".[8]

O fenômeno central ao qual Wanderley Guilherme dos Santos se refere é o papel fundamental, no Brasil, ao longo de décadas, da carteira de trabalho como mecanismo de acesso aos direitos sociais e como instrumento de reconhecimento simbólico e prático (a polícia utilizou, e ainda utiliza, a carteira de trabalho para fazer "triagens" em bairros populares). O conceito de cidadania regulada é construído em contraposição a um de cidadania "política", com características universalistas. Ora, a cidadania, nas suas diversas experiências históricas, passou por práticas de regulação fundadas em formas de estratificação social legalmente sancionadas. Na maioria dos países europeus ela foi, inicialmente, censitária, isto é, o voto esteve associado à propriedade e à renda; em alguns casos, o fator de exclusão era a religião; em outros, o gênero (é impressionante descobrir quão recentemente as mulheres tiveram acesso ao voto nos países "avançados") e, muitas vezes, a raça (não podemos esquecer que na "grande democracia do Norte", os Estados Unidos, até poucas décadas atrás a segregação racial tinha status legal).

No que diz respeito aos direitos sociais, somente depois do pós-guerra eles chegaram, nos países europeus, a ter um caráter até certo ponto universal. A carteira de trabalho foi uma invenção da Revolução Francesa reapropriada pelo fascismo, e em toda a Europa da primeira metade do século XX a distribuição de direitos sociais sempre foi desigual entre o campo e a cidade e entre os diferentes setores de trabalhadores, sem mencionar, na situação contemporânea, o grande número dos "sem-papéis", que na Europa e nos Estados Unidos trabalham sem acesso aos direitos sociais e com medo de serem extraditados a qualquer momento.

Assim, a questão não é situar a experiência brasileira como um caso de cidadania regulada em face de um modelo de cidadania *normal*, universalista, mas reconstruir o próprio conceito de cidadania a partir da experiência brasileira, como uma das variantes possíveis do problema universal da regulação da cidadania, isto é, dos ritmos diferenciais e critérios diversos que levam os vários setores da população a usufruir de direitos-cidadãos.

Marcelo Neves é outro autor que apresenta trabalhos originais de sociologia jurídica, mas que também cai na tendência de construir oposições frontais entre países centrais e países periféricos, quando o que existe são graduações. Em seus últimos trabalhos, aprofunda-se a tendência a generalizar excessivamente a experiência brasileira para o conjunto de países "da periferia do sistema mundial contemporâneo".[9] Partindo do modelo luhmanniano, segundo o qual o sistema jurídico apresenta um fechamento operacional, fundado na oposição legal/ilegal, Neves argumenta que os países periféricos não conseguem manter a autonomia do sistema jurídico, o qual é invadido por outros códigos sociais. Assim, por exemplo, outros princípios de orientação de conduta, como poder/não-poder ou amigo/inimigo, terminam por colonizar o campo jurídico, não permitindo seu funcionamento como subsistema autônomo e destrói os mecanismos internos de auto-reprodução do sistema judiciário. A conseqüência é uma prática social em que intervêm constantemente, no processo jurídico, elementos estranhos ao sistema auto-referencial, que usurpam o lugar da legalidade e dos princípios constitucionais.

Para Marcelo Neves, a invasão constante de interesses privados no sistema jurídico leva à inconsistência jurídica e à destruição das relações de continuidade entre regra e decisão jurídica, em suma, não permite a consolidação do subsistema jurídico, que é constantemente desestabilizado pela penetração de forças externas, em particular pelo poder do dinheiro e da política, levando à produção caótica de normas e regulamentos que não consideram os textos jurídicos. Nesse contexto, o papel da Constituição como domesticador da política perde sua eficácia para transformar-se em um sistema simbólico destituído de conseqüências normativas, utilizado de forma aleatória para legitimar medidas *ad hoc*. Assim, a sociabilidade do mundo pós-tradicional nos países periféricos estaria condenada a um alto grau de imprevisibilidade, pois se encontraria em um contexto de "insegurança jurídica incontrolável".[10]

Paradoxalmente, o texto de Neves comenta um trabalho póstumo de Luhmann,[11] no qual ele reconhece existir uma tendência crescente, nos países avançados, à sabotagem dos códigos que orientam os diversos subsistemas sociais, inclusive o jurídico. A invasão cada vez maior do sistema jurídico pelo poder econômico não é, portanto, um privilégio dos países periféricos — assim como a tendência à privatização dos sistemas de segurança e à transferência para mãos privadas do uso da força fora dos marcos do controle legal.

A imagem de um Poder Judiciário bloqueado, tal como apresentado por Marcelo Neves, se entendido literalmente, nos colocaria diante de sociedades caóticas, que inviabilizariam inclusive o funcionamento do próprio mercado capitalista. Não é esse o caso. Nas sociedades periféricas — e aqui seria fundamental reconhecer a enorme diversidade de situações nacionais —, os subsistemas sociais apresentam grandes fragilidades e problemas, mas não deixam de funcionar. O que observamos são graduações no lugar de oposições que levam a idealizar uma das partes e demonizar a outra. A análise das experiências históricas mostraria um constante movimento de invasão dos subsistemas sociais e de reação contra tal invasão, e vice-versa.[12] Isto vale igualmente para os países centrais — e o caso italiano é exemplar de um sistema político com partidos corruptos, questionado pela Operação Mãos Limpas, à qual se seguiu uma contra-reação dos grupos atingidos.

Individualismo à latino-americana

Na dinâmica da modernidade, as pessoas se individualizam e a sociedade se complexifica; entrelaçam-se cada vez mais os destinos individuais e sociais, o que exige uma crescente intervenção do Estado. O programa liberal mínimo, em que o Estado se limita a proteger as liberdades individuais, sempre foi uma quimera e não faz mais sentido diante da intensificação da complexidade das sociedades modernas. A defesa da moeda e as políticas de intervenção no ciclo econômico, a oferta e regulação dos serviços públicos, o controle da qualidade, a normalização técnica, a pesquisa científica fundamental, entre outras, são atividades integradas ao repertório do Estado moderno, atividades que nenhuma ideologia política contemporânea questiona. O que se questiona é o que será protegido ou regulado, como e de que forma.

Apesar disso, o sentimento do indivíduo contemporâneo é de crescente abandono, incerteza e desproteção.[13] A proteção tradicionalmente era assegurada por sistemas de dominação e de subordinação a dispositivos político-religiosos que ofereciam uma compensação simbólica e resignação ao sofrimento, ao arbítrio e às incertezas da vida terrena. Nas sociedades contemporâneas, a representação e a prática da proteção foram transformadas pela ação de três processos correlatos: *a*) a erosão das referências religiosas e a subseqüente diluição de valores absolutos das grandes ideologias da modernidade que fragilizaram os sentimentos de segurança ontológica; *b*) a individualização crescente, com a crise dos sistemas tradicionais de dominação que asseguravam mecanismos de segurança, ainda que opressivos (o casamento com dominação masculina, o trabalho com exploração patronal, a filiação com dominação paternal); e *c*) as transformações no mundo da técnica e a globalização dos processos sociais, que aumentam a sensação de impotência e incerteza em face do futuro.

No vazio social e existencial produzido pela modernidade, teríamos indivíduos condenados à incerteza e de desproteção existencial. Eles podem procurar tecer novos laços de solidariedade — na amizade, na família ou no amor (esta quimera moderna, da qual se espera a certeza absoluta, a transcendência pela fusão de identidades, o encantamento do mundo e a proteção prática) —, ganhar dinheiro, experimentar religiões ou procurar o apoio de especialistas (psicólogos das mais variadas tendências), mas não podem prescindir do Estado para assegurar um mínimo de segurança diante da instabilidade do mercado de trabalho e da velhice, diante do custo crescente da saúde e da educação, do poder das grandes empresas, do caos urbano ou da deterioração do meio ambiente. Até mesmo o tema da violência, que era aparentemente monopólio dos países periféricos, tem se tornado um problema relevante na agenda política dos países centrais.

Cada sociedade nacional apresenta sistemas de proteção ao cidadão com características próprias, que foram se transformando historicamente; no entanto, como mencionamos anteriormente, a crise do estado de bem-estar social de nenhuma forma diminuiu a centralidade do Estado nas sociedades modernas deste novo milênio.

Na América Latina, a proteção estatal se desenvolveu de forma bastante diferenciada de país para país. Em termos gerais, o primeiro eixo de integração cidadã foi em torno da oposição campo-cidade. Até os anos 60, na maioria dos países do continente, a população rural permaneceu à margem das políticas sociais e com limitado — e por vezes nenhum — acesso às instituições de cidadania civil e política. No meio urbano, a proteção do Estado tendeu a se polarizar entre setores da população que usufruíam dos serviços públicos e segmentos que permaneciam na periferia da distribuição da riqueza canalizada pelo Estado.

O acesso aos bens distribuídos pelo Estado esteve, em geral, associado a um forte componente patrimonialista e corporativista.[14] Para as classes dominantes, graças à influência de seu poder político e econômico, prevalecia a impunidade perante a lei, e o Estado se constituía em um butim, um despojo a ser assaltado. À medida que o Estado foi se modernizando, ele integrou, em seus aparelhos e nas empresas públicas, setores de classe média que passaram a usufruir de uma série de direitos sociais e apresentar um forte corporativismo e que, diante do restante da população, desfrutavam de uma série de privilégios que consumiam boa parte dos gastos sociais do orçamento nacional. Finalmente, segmentos assalariados, em particular das empresas de grande porte, foram integrados às políticas públicas, seja diretamente, através de benefícios sociais, seja indiretamente, por acordos trabalhistas que asseguravam o acesso a serviços oferecidos pelas empresas. O restante da população urbana e rural permanecia excluído dos recursos públicos do Estado, que apresentava fundamentalmente um rosto repressor a serviço dos grupos dominantes.

Essa visão deve ser rapidamente matizada. Certos países, como Argentina, Uruguai, Costa Rica e, em menor medida, o Chile — países com populações constituídas majoritariamente por imigrantes europeus, sem passado escravagista ou de relações pré-capitalistas de submissão das populações rurais indígenas —, urbanizaram-se precocemente, integraram grande parte da população em sistemas de assalariamento formal e garantiram-lhe acesso aos serviços públicos urbanos e à educação básica. A Argentina, o Uruguai e a Costa Rica, muito mais que o Chile, apresentavam igualmente uma estrutura social com classe média forte e níveis menores de desigualdade social.

Na América Latina contemporânea, o Estado teve uma dupla face: expandiu os instrumentos de intervenção racional na economia — modernizando parte de seus aparelhos, expandindo sua participação na atividade produtiva, na criação de infra-estruturas e de um sistema educacional, científico e tecnológico — e, simultaneamente, manteve uma enorme permeabilidade à colonização interna pelos grupos dominantes.[15]

Nas últimas décadas, a crescente democratização da cultura e das expectativas sociais, as transformações econômicas que diminuíram o papel da classe operária industrial e as pressões do sistema financeiro internacional e das políticas antiinflacionárias — no sentido de maior austeridade fiscal — implodiram o modelo de colonização do Estado pelos grupos dominantes e pelas classes médias, além de criar uma sociedade muito mais individualizada, em que os sistemas antigos de clientelismo político perderam relevância.

A dissolução dos antigos vínculos clientelísticos — com o fim das formas tradicionais de dominação nas modernas sociedades urbanas da América Latina — não implica necessariamente o surgimento de um individualismo calcado em valores de respeito pela coisa pública ou a valorização do esforço pessoal e do trabalho, como supunham as teorias clássicas da modernização. O *vácuo* deixado pelo desaparecimento das antigas lealdades e sistemas hierárquicos não produz automaticamente uma sociedade liberal. Embora seja possível identificar no individualismo dominante na América Latina muitas características descritas pela bibliografia sociológica produzida nos países centrais, ele apresenta certas especificidades resultantes do quadro cultural e institucional local. De forma preliminar, tendo como referência, em particular, a experiência brasileira, indicamos alguns traços específicos dos processos de individualização no continente:

1) A primeira característica é a hiper-reflexividade. Enquanto nos países centrais o campo da reflexividade e, por extensão, de incerteza nas relações sociais é vivido no âmbito das orientações intersubjetivas privadas e do mercado, o indivíduo latino-americano deve orientar sua ação supondo a incerteza, inclusive na inte-

ração com as instituições do Estado. Ou seja, o mundo institucional público é incluído no âmbito da ação reflexiva e da incerteza. Assim, por exemplo, diante de um policial que o multa, o cidadão pode decidir-se por pagar a multa ou por corromper o policial; ante uma fiscalização impositiva, deverá avaliar se compensa pagar os impostos ou dar uma gorjeta ao fiscal; caso seja roubado, avalia se deve ou não apresentar uma queixa na delegacia, pois isso pode chamar a atenção de eventuais ladrões ou seqüestradores; pondera se vale a pena enfrentar um litígio jurídico, considerando que a outra parte poderá impor seu poder econômico no sistema judiciário; se desenvolve atividades econômicas, poderá realizá-las longe dos controles públicos ou não; e, em geral, enfrentará cada regulamentação estatal e cada lei levando em consideração a possibilidade de se escapar da norma legal.*

2) A segunda característica é uma sociabilidade em que o individualismo e a desigualdade social estão profundamente imbricados, alimentando a desresponsabilização em relação ao espaço público. Junto com os novos mecanismos de dominação anônima, continuam a persistir formas de dominação acopladas a relações de poder pessoal, que significam, para os grupos poderosos — conceito genérico que, contextualmente, pode incluir, por exemplo, policiais — a possibilidade de impor sua vontade sem consideração de limites legais e, para os grupos populares, a aceitação de situações de submissão e perda de autonomia. Em ambos os casos, fomenta-se a irresponsabilidade: o grupo dominante conta com a impunidade e o grupo dominado se auto-representa como vítima. Se a desigualdade social permeia e transforma os processos de individualização em todas as sociedades modernas, nos países periféricos a situação é mais facilmente discernível pelos extremos de desigualdade social. Um caso paradigmático é a presença da empregada doméstica nas relações familiares, presença que reorganiza as posições relativas no interior da família e produz relações de

* Obviamente essa situação não é monopólio dos países periféricos. Nos países centrais, o universalismo nunca é total; em particular, os grupos dominantes nunca deixaram de utilizar sua influência para obter uma maior impunidade.

exploração e submissão dentro do gênero feminino.* O fato de as feministas na América Latina terem, em geral deixado de lado, nas suas elaborações teóricas e em suas pesquisas, a centralidade do trabalho doméstico na constituição das relações de gênero e de família indica os limites da transferência de marcos teóricos e lutas por direitos elaborados nos países centrais.

3) O "presentismo" individualista da condição moderna — isto é, uma orientação em função de gratificação imediata e de perda do senso da história como uma construção coletiva com um passado e um projeto de futuro comum — não elimina na América Latina o "futurismo" coletivo, a esperança de que "algo" ou "alguém" traga uma resposta aos problemas da sociedade. Isso se expressa na hipertrofia das expectativas acerca do mundo da política, o que implica o risco contínuo do transbordamento do sistema institucional, pelas expectativas sociais depositadas num "salvador da pátria" e no sentimento de refundação da nação que acompanha cada nova eleição.**

4) O aprofundamento do descompasso entre a referência internacional e a realidade nacional. Como vimos, as elites latino-americanas, e nas últimas décadas as classes médias, viveram a realidade nacional através de um espelhar-se/comparar-se com os países centrais ou, na tradição de esquerda, com os países comunistas. Os processos de globalização das comunicações — através do acesso generalizado ao rádio e à televisão — levaram a uma democratização de expectativas e à integração de praticamente toda a população no sentimento de privação relativa, produto da

---

* O que não significa, obviamente, que os homens não se beneficiam igualmente dos serviços da empregada doméstica. Contudo, um sinal dos tempos, de uma maior individualização dos setores populares e de transformação dos padrões sexuais das classes médias, é, no caso brasileiro, o quase desaparecimento da tradicional prática de iniciação sexual dos adolescentes com as empregadas domésticas.

** Para Giorgio Alberti, a característica contemporânea da política latino-americana, que ele denomina "movimientismo", conjuga as expectativas irrealistas colocadas sobre a política, agora já não mais dentro de uma perspectiva de interesses coletivos, mas de interesses individuais. Ver "Democracy by Default, Econonic Crisis, Movimientismo and Social Anomie in Latin America".

comparação da realidade pessoal e nacional com a dos países mais avançados.

5) A limitada autonomia dos subsistemas sociais; a centralidade das redes pessoais como mecanismo de defesa a ser mobilizado em face de situações de arbítrio institucional; a permanência de relações de dependência pessoal construídas em torno da desigualdade econômica, e o sentimento de ser parte de uma sociedade por *default*, isto é, de compartilhar um emaranhado de problemas — violência, desigualdade, corrupção —, limitam os processos de alienação social, no sentido de diminuir os processos de distanciamento, característico da sociedade moderna, entre o indivíduo, a sociedade e a cultura. É como se a forte interpenetração dos subsistemas sociais e o sentimento de "caos" societário afetassem a autonomização dos indivíduos, embora também limitem o mergulho em uma subjetividade pessoal trágica, isolada do mundo.*

* Talvez não seja casual que o sentimento de individualização trágica, na literatura latino-americana, tenha sua maior expressão na obra de Juan Carlos Onetti, autor cujo país de origem, o Uruguai, possui características socioculturais muito próximas às dos países centrais.

CONCLUSÕES:

Política sem moral e moral sem política?

Vivemos num período em que as categorias sociais que eram consideradas as protagonistas da história contemporânea estão mudando rapidamente. A oposição trabalhadores-povo *versus* capitalistas-elites, sobre a qual se construíram as identidades e conflitos sociais no capitalismo industrial, está se diluindo e sendo substituídas por identidades/oposições fragmentadas e fragmentadoras da vida social. Etnias, gênero e religiões são algumas das múltiplas identidades em torno das quais se constituem as percepções de si mesmo e do outro e cujas reivindicações não se referem à reconstituição da sociedade, mas à defesa de seus mundos específicos.

As classes sociais — os atores coletivos centrais do século XX — perderam sua centralidade; a luta de classes e as ideologias a ela associadas entraram em declínio — e nada indica um renascimento dessas categorias sociais. Mas a política continua e o desafio das ciências sociais é decifrar a sua lógica.

Como vimos no início deste livro, a cidadania moderna construiu simultaneamente a noção de indivíduos livres e iguais e de comunidade nacional. A cidadania supunha indivíduos que compartilhavam valores comuns e projetos para o conjunto da sociedade — ainda que esses projetos pudessem ser diferentes e conflitivos. O individualismo e a crescente fragmentação simbólica causada pela valorização de culturas étnicas e/ou religiosas que consideram suas lealdades e seus valores pessoais e/ou grupais prioritários e não-negociáveis colocam em xeque a noção republicana de espaço público e bem comum.

Essa mutação implica uma transformação da linguagem e das organizações políticas. No lugar de partidos expressando visões opostas e inclusivas da sociedade, temos uma fragmentação da representação social, que acompanha a fragmentação de identidades. Os novos porta-vozes de valores e miniutopias são as ONGs, cuja multiplicação acompanha a desintegração das grandes ideologias. Os partidos políticos, ainda insubstituíveis como mecanismo institucional de representação, são condenados a se transformar em conglomerados amorfos sem densidade moral, pois são enquadrados pelo movimento de um mundo social cujos parâmetros e dinâmica não mais compreendem.

O discurso dos direitos humanos é a língua franca da globalização. Seus construtores são ONGs e instituições internacionais (OIT, PNUD, Unesco) e seus mais importantes financiadores, agências internacionais, fundações norte-americanas, instituições filantrópicas e governos europeus. Os intelectuais dessa nova ideologia constituem uma mistura de ativistas sociais e tecnocratas que se movimentam em escala internacional, apoiados por jornalistas e personalidades midiáticas. Nesse processo, os ideólogos de partidos políticos nacionais foram transformados em intelectuais provincianos, responsáveis por justificar a administração do pequeno mundo local e adaptá-lo às realidades da globalização.

O paradoxo democrático expressa-se no enfraquecimento da democracia política, não por déficit de valores democráticos, mas pelo contrário, isto é, pelo aprofundamento das expectativas igualitárias. Os valores democráticos de uma sociedade que procura ser transparente e igualitária produzem uma desconfiança em relação à moralidade dos políticos e à capacidade do Estado, uma crescente frustração com os partidos e, inclusive o sentimento de que os governos democráticos são incapazes de enfrentar os problemas da desigualdade social e da violência. O conflito entre as expectativas produzidas pela cultura democrática e a realidade político-institucional se expressa numa perda de confiança na própria democracia como regime político.

Enquanto, no período anterior, as inovações sociais eram traduzidas e incorporadas dentro dos grandes marcos ideológicos, os direitos humanos funcionam por fragmentação e expansão permanente. A cada novo grupo e nova percepção da sociedade associa-se um novo direito (direito da mulher, da criança, dos negros, das minorias, dos animais; direito à saúde, à informação, ao desenvolvimento; direito ambiental, entre outros).

Se os direitos humanos tudo absorvem, o conflito social passa a se dar na interpretação do que sejam eles, e hoje confrontam-se duas grandes visões. A primeira, associada a uma visão etnocêntrica, considera que existe um núcleo essencial de direitos humanos (fundamentalmente os que asseguram a liberdade individual), que representam uma visão de mundo superior, o núcleo sagrado da "cultura ocidental". Tal perspectiva está profundamente enraizada no mundo anglo-saxão e é dominante nos Estados Unidos. Uma outra perspectiva, associada à experiência do trauma pós-colonial, que se disseminou nas últimas décadas na Europa continental, inclui entre os direitos humanos o direito à diversidade cultural, o que implica uma tolerância face a grupos sociais que, inclusive, não praticam ou mesmo discordam dos valores associados aos direitos humanos.

Ambas as perspectivas, como acontece com todas as visões de mundo, se confrontam com os limites de qualquer teoria de ser inclusiva e coerente. A visão etnocêntrica corre o risco constante de desumanizar aquilo que não se submete à sua percepção de humanidade. Por sua vez, a perspectiva multicultural dos direitos humanos termina igualando todas as culturas, levando à perda da capacidade de autodefesa e de luta pelos valores próprios.

Os desafios à democracia

A modernidade rompe com todas as formas de sociedade que a antecederam, ao deixar de enxergar na ordem social um destino predeterminado por uma força transcendental e exterior à vontade dos homens. No mundo moderno, o indivíduo e a sociedade são condenados a se autoproduzirem, a inventar o futuro. Aliás, só na modernidade o indivíduo e a sociedade se auto-representaram como entes autônomos de outras ordens da vida social (natureza, religião), o que permitiu o surgimento de novas disciplinas do conhecimento, como a sociologia e a psicologia.

A autoprodução do indivíduo e da sociedade deu lugar a uma série de direitos, de instituições e de ideologias, através dos quais os modernos se tornaram produtores de seu futuro. As ideologias políticas foram, nos séculos XIX e XX, o vetor pelo qual o destino coletivo da "sociedade" era projetado para o futuro. Essas ideologias políticas entraram em crise em razão da descrença no progresso, na possibilidade de prever o futuro da sociedade e na esperança de que ela possa ser moldada por projetos políticos realizados através do poder do Estado.

O desencontro entre política e sociedade levou os ativistas sociais e intelectuais a procurarem novos marcos conceituais e formas de organização que permitam agir e pensar as novas formas de autoprodução da sociedade. Isso tem gerado, como vimos, a valorização de categorias como "sociedade civil" e o desenvolvimento de ONGs, cujo principal efeito é a dissociação entre política e moral, entendida a política como participação na esfera pública, com o objetivo de governar e/ou transformar o Estado. O discurso dos direitos humanos dissociou igualmente os novos discursos transnacionais das estruturas centrais de sustentação institucional da sociedade, que continuam a ser os estados nacionais.[1] Tal dissociação afeta os partidos políticos, transformados em produtores de quadros administrativos e cuja fonte de legitimação é, fundamentalmente, a capacidade de produzir estabilidade financeira e crescimento econômico.

A nova ideologia política deixou de se auto-representar como política.[2] Ela se imagina como uma visão moral, sustentada em valores retirados do discurso dos direitos humanos ou da religião. A dissociação entre moral e política, em razão da perda crescente de legitimidade do Estado como fonte geradora de valores, e o deslocamento para o judiciário do conflito social têm levado os pensadores sociais contemporâneos a transferir o foco da reflexão sobre a sociedade, desviando a análise do poder do Estado para o da produção de direitos.

Em um mundo em que o individualismo triunfante é acompanhado por uma desigualdade social crescente e por sintomas de desintegração dos laços de solidariedade social, o debate no seio da tradição liberal deslocou-se, em particular, para a questão da justiça em uma sociedade individualista (a obra de Rawls ocupando um lugar central), para o papel do judiciário (em que sobressaem os trabalhos de Ronald Dworkin) e para as possibilidades de manutenção de formas comunitárias de organização social em uma ordem liberal.[3]

Na tradição socialista, a crise, por razões óbvias, é muito mais profunda, pois sofre dois grandes deslocamentos: por um lado, o fim da crença na centralidade da classe operária e de seu potencial para criar uma nova sociedade; por outro lado, os setores que aparecem hoje como principais "vítimas" do capitalismo não são os explorados pelo sistema, mas os excluídos do mesmo, os desempregados crônicos, os "inempregáveis".

Para os partidos socialistas de massas o desafio passou a ser o de apresentar programas capazes de ao mesmo tempo incluir os novos setores médios e os valores das novas formas de gestão da administração pública, originados no setor privado — como eficiência, competitividade, disciplina fiscal —, e manter uma (relativamente maior) sensibilidade aos problemas da desigualdade social. A resposta intelectualmente mais elaborada a esse desafio é a chamada "terceira via", que enfatiza a utilização das políticas públicas para assegurar um mínimo de serviços sociais que limitem a exclusão social e a degradação dos setores mais pobres da população.[4] Mas se a "terceira via" reconhece que cabe ao Estado intervir de forma compensatória, concorda em que se deve diminuir, no possível, toda intervenção reguladora no mercado de trabalho. Ela é particularmente sensível às reivindicações identitárias, espaço em que é possível o desenvolvimento de políticas de reconhecimento simbólico sem maiores custos econômicos ou sem que o funcionamento do mercado seja afetado de forma relevante.

A "terceira via" se apresentou, até agora, como a única proposta capaz de ser uma alternativa de esquerda viável no contexto do novo capitalismo globalizado, por apostar no mundo dos "ganhadores" sem abandonar completamente os valores de solidariedade e de justiça social, isto é, por preservar alguma preocupação com os "perdedores". Em que medida é possível, porém, manter o Estado como um instrumento compensador de justiça social enquanto se permite que o "mercado" aumente a desigualdade social, destrua direitos sociais adquiridos (como, entre outros, a limitação do horário de trabalho, férias, aposentadoria, direito-maternidade) é uma questão, no mínimo, em aberto.

Em confronto com a terceira via, têm surgido esforços, ainda embrionários, de reconstituição da teoria revolucionária extraparlamentar, associados aos novos foros de luta antiglobalização. Sinal dos tempos: a reflexão se orienta em direção a uma análise crítica da ordem jurídica. Sobressai aí, em particular, a obra de Antonio Negri,[5] que procura implodir os limites da ordem social pela valorização do poder constituinte diante das diversas formas legais que procuram domesticá-lo e disciplina-lo. Uma tendência diferente tem procurado criticar a ordem social mediante a valorização do pluralismo jurídico,[6] ou seja, a fragmentação crescente da ordem jurídica em termos supra e subnacionais, o que permitiria a constituição de novos espaços de solidariedade orientados por valores alternativos.[7]

Nada indica que os caminhos apontados representem uma saída convincente de reconstituição da ordem social. O exercício permanente do "poder constituinte" de Negri se constrói contra todo o conhecimento sociológico sobre a tendência das sociedades de organizar e ordenar a vida social, e se fundamenta em uma visão bastante pessoal do que seja a condição humana e a liberdade. A valorização do "pluralismo jurídico" desconhece que boa parte das novas formas de regulação legal extra-estatal é realizada por criminosos ou é produto da carência de serviços estatais adequados, ao invés de ser a expressão de formas superiores de ordenamento jurídico (como acontece, por exemplo, nas favelas).

As diferentes perspectivas expressam um fenômeno real: a crise da cidadania, tal como se cristalizou no século XX. A cidadania é o mecanismo institucional pelo qual, nas sociedades democráticas modernas, a ordem jurídica articula as relações entre ela própria, a sociedade e o Estado. No entanto, os componentes dessa equação estão sofrendo enormes modificações. A "sociedade", enquanto conjunto humano empírica e subjetivamente identificável a uma população delimitada pelas fronteiras nacionais, tem perdido densidade — seja pelos processos de globalização, seja pelas novas identidades coletivas que não têm como referência o marco nacional. O Estado, apesar de manter uma função central na regulação social, tem sua legitimidade diminuída, pelo enfraquecimento das formas de representação partidária, da lealdade à pátria/nação/povo/classe e pelo sentimento de que governar se transformou em uma prática tecnocrática a serviço das exigências dos mercados. Finalmente, o próprio direito tem implodido seu campo de ação, tanto pela influência da constitucionalização do sistema legal e do impacto dos direitos humanos na prática judiciária, quanto pela expansão do campo do direito a novos sujeitos e da judicialização do conflito social.

Como principal vetor da participação e da representação política, a cidadania entrou em crise pelas dificuldades crescentes de comunicação entre os diferentes subsistemas sociais e o Estado. Como vimos, as novas identidades coletivas e os atores sociais a elas associados funcionam por identificação com redes que atuam nos domínios subestatal ou supra-estatal,[8] não pretendem chegar ao governo e suas agendas são, em geral, transnacionais. Na medida em que o sistema judiciário absorve essa nova realidade, deve aceitar o desencaixe entre a ordem estatal nacional e a ordem jurídica, o que implica, em última instância, uma dissociação entre cidadania e ordem política nacional. Igualmente, o enrijecimento dos atores sociais em torno de identidades coletivas que essencializam suas diferenças traz o risco de destruição do espaço público, que supõe compartilhar um substrato de valores comuns, a começar pela crença de que o diálogo estabelecido na esfera pública é produtivo, isto é, transforma os atores que dele participam, tem um valor substantivo, e não se reduz a um campo de negociação de interesses particularistas.

Talvez a principal contradição da vida política no mundo contemporâneo seja a da globalização das agendas políticas face à contínua realidade do Estado nacional como *locus* central de geração e distribuição de riqueza. A globalização de agendas vale tanto para aqueles que apóiam as políticas chamadas neoliberais como para os que se opõem a elas. A diferença é que, enquanto os que assumem a globalização como um fato positivo sustentam uma agenda baseada na promoção do livre mercado, seus opositores apóiam a aplicação dos direitos humanos (cujo número, como vimos, se expande vertiginosamente).

A tendência a agendas globais e a posições que levam a virar as costas ao Estado cria o espaço para que aventureiros políticos populistas ou a extrema direita reivindiquem a representação e a defesa da nação. Diante de tais tendências, este trabalho aponta a necessidade de se ir além das agendas globalizadas e a urgência de se elaborarem estratégias institucionais nacionais que incorporem, sem relutância, o contexto de globalização, e que ajam sobre ele, fortalecendo o Estado como instrumento democrático de regulação e controle do poder econômico, reinventando os instrumentos de planejamento social e o direito do trabalho, "re-unindo", de forma criativa, direitos individuais e coletivos. Ainda que seja pela mobilização do auto-interesse bem-informado, pois é impossível construir paraísos individuais em infernos sociais. Esse desafio exige o abandono da atitude que pensa os processos de globalização como se fossem um fenômeno esquizofrênico — com um lado mau a ser eliminado e outro bom a ser cultivado —, lembrando que, no capitalismo, a *lex mercatoria* sempre desempenhou um papel de vanguarda, e que cabe às forças sociais aproveitar o impulso transformador do capital para que seu império seja delimitado e seu impacto, humanizado.

ANEXO:

Nota sobre interdisciplinaridade

Este livro tem expressa consciência da necessidade e dos limites da interdisciplinaridade, que é, de certa forma, a utopia das ciências sociais. É consensual que para entender a complexidade da vida social seja necessário mobilizar os diferentes recursos das várias disciplinas, pois cada uma delas só é capaz de refletir sobre uma dimensão, parcial, da sociedade. Contudo, quando a utópica obra interdisciplinar se concretiza, os resultados ficam quase sempre aquém das expectativas; uma espécie de bricolagem, em que as disciplinas são mobilizadas *ad hoc* para preencherem as lacunas de outras. No melhor dos casos, uma obra-prima, embora irreproduzível, pois é produto único da capacidade de síntese e da erudição do autor. Assim, se os estudos disciplinares são, em grande medida, *redundantes* — pois longos argumentos só servem para confirmar as premissas iniciais —, os trabalhos interdisciplinares são geralmente *entrópicos*, pois são irreproduzíveis — já que não possuem consistência teórica —, sem possibilidade efetiva de comparação e de acumulação intelectual.

A dificuldade da interdisciplinaridade é dupla, pois a especialização é expressão tanto da realidade das sociedades modernas, nas quais os subsistemas sociais são altamente diferenciados, quanto da diversidade de disciplinas que estudam os vários subsistemas, e que desenvolveram teorias, conceitos, problemáticas e — de certa forma, o aspecto mais importante — sistemas auto-referidos de discursos que fazem com que a passagem de um marco disciplinar a outro seja questionável.

O problema central da interdisciplinaridade não é que cada disciplina das ciências sociais possui uma vocação imperial — e, portanto, uma natural tendência invasiva, que desrespeita ou, no mais das vezes, é insensível à especificidade das diferentes lógicas teóricas e práticas de cada disciplina —, mas o fato de que, em uma sociedade democrática, a autonomia dos subsistemas sociais é a condição do pluralismo intelectual, da liberdade individual e coletiva e o fundamento de um sistema de justiça não submetido à tirania do poder econômico, político, cognitivo ou religioso. Nesse sentido, todo sistema explicativo que procura reduzir o Direito (ou qualquer outro subsistema social, como por exemplo a pesquisa científica) a causas exógenas, como interesses econômicos ou quaisquer outros fatores externos, participa, conscientemente ou não, de um esforço de deslegitimação das instituições democráticas.

Na América Latina contemporânea, o sentimento de urgência produzido pela desigualdade e os enormes problemas sociais continuam a levar muitos setores desejosos de mudanças a uma vontade transformadora, que desconsidera os procedimentos legais e as exigências próprias da lógica jurídica. Dessa forma, esses grupos dirigem-se, por um caminho próprio, ao encontro da tendência, que caracterizou a história do continente, de desrespeito à autonomia das esferas da justiça pela imposição do poder econômico e/ou político — tendência que ignora que a autonomia dos sujeitos na sociedade moderna só pode ser construída pelo reconhecimento e respeito das regras próprias de cada subsistema social.

Se decidimos enfrentar o esforço de uma análise interdisciplinar partindo do reconhecimento de tais dificuldades é porque acreditamos que a dinâmica social hoje impõe o diálogo entre disciplinas. Esse diálogo deve refletir e agir sobre uma realidade na qual as fronteiras entre o sistema jurídico e os outros subsistemas sociais tendem, senão a implodir, pelo menos a dar sinais de inúmeras rachaduras e tensões.

Notas

Prefácio

1. Cf. Zygmunt Bauman, *Legislators and Interpreters*.

I. Cidadania e direitos humanos

1. Para uma discussão mais detalhada desta problemática, ver Bernardo Sorj, "Crises e horizontes das ciências sociais na América Latina".
2. Ver Dominique Schnapper, *La communauté des citoyens*. Ver também, no capítulo 5 de Phillip Bobbit, *The Shield of Achilles*, o questionamento da atualidade desse tipo de análise.
3. Ver, por exemplo Ladan Boroumand, *La guerre des principes*.
4. Ver Ignaci Terradas, "Família y ciudadanía en la Revolución Francesa".
5. Uma interessante análise comparativa das revoluções de 1776 e 1789, confrontando as posições de Hanna Arendt e Habermas, pode ser encontrada em Antonio Negri, *O poder constituinte*, cap.1, p.24-41.
6. Como mostra Marcel Gauchet em *La religion dans la démocratie*.
7. Ver T.H. Marshall, *Citizenship and Social Class and Other Essays*.
8. Michael Mann, "Ruling Class Strategies and Citizenship". Ver também, entre outros, Martin Bulmer e Anthony Rees (orgs.), *Citizenship Today*; Bryan Turner, "Outline of a Theory of Citizenship".
9. Norberto Bobbio, *A era dos direitos*.
10. Luc Ferry e Alain Renault, *Philosophie politique*.
11. Claude Lefort, *L'Invention democratique*, cap.1, "Droits de l'homme et politique".
12. Ver Jürgen Habermas, *The Theory of Communicative Action*.
13. Ver Robert Castel e Claudine Haroche, *Propriété privée, propriété sociale, propriété de soi*.
14. Ver Pierre Rosanvallon, *La crise de l'état-providence*.

II. Dos direitos trabalhistas ao direito das minorias

1. Ver Marcel Gauchet, *La religion das la démocratie*.

2. Alain Supiot, *Critique du droit du travail.*
3. Ibid, p.44.
4. Ver ibid, p.66.
5. Ver Karl Marx, *O Capital.*
6. François Ewald, *Histoire de l'état providence.*
7. Supiot, op.cit., p.135.
8. Ibid, p.140.
9. Ibid, p.215.
10. Ibid, p.220.
11. Robert Castel e Claudine Haroche, *Proprieté privée, proprieté sociale e proprieté de soi.*
12. Sobre o impacto social da inflação no Brasil, ver Bernardo Sorj, *A nova sociedade brasileira*, cap.3.
13. Ver Pierre Rosanvallon, *La nouvelle question sociale.*
14. Robert Castel, op.cit., p.108.
15. Ver, entre outros, Anthony Giddens e Scott Lash, *Reflexive Modernization.*
16. Ver Danilo Martuccelli, *Dominations ordinaires.*
17. Sobre a sociologia do consumo ver, entre outros, Daniel Miller, (org.), *Acknowledging Consumption*; Yiannis Gabriel e Tim Lang, *The Unmanageable Consumer*; Don Slater, *Consumer, Culture & Modernity*; Grant McCracken, *Culture & Consumption*; Mike Featherstone, *Consumer, Culture & Postmodernism*; Pekka Sulkunen, John Holmwood, Hilary Radner e Gerhard Schulze (orgs.), *Constructing the New Consumer Society*; Jean Baudrillard, *Le système des objets*; Mary Douglas e Baron Isherwood, *The World of Goods*; Arjun Appadurai, *The Social Life of Things*; e Zygmunt Bauman, *Life in Fragments*; *Intimations of Postmodernity*; e *O mal-estar da pós-modernidade.*
18. Alain Ehrenberg, *La fatigue d'être soi.*
19. Christopher Lasch, *The Minimal Self.*
20. Ver Marcel Gauchet, "Essai de psychologie contemporaine".
21. Danilo Martucelli, *Grammaires de l'individu.*
22. Em particular Ulrich Beck, *What is Globalization?.*
23. Marcel Gauchet, "Quand les droits de l'homme deviennent une politique".
24. Sobre o papel do discurso dos direitos humanos, ver ibid.
25. Ver Christian Gros, *Políticas de la etnicidad*; Olivier Corten e Patricio Nolasco, "Pluralisme culturel, pluralism juridique et démocratie".
26. Ver Marcel Gauchet, "Quand les droits de l'homme deviennent une politique".
27. Cf. Samuel Huntington, *Political Order in Changing Societies.*

III. A "sociedade civil", as ONGs e a globalização das agendas sociais

1. Ver Marcel Gauchet, "Quand les droits de l'homme devienent une politique".
2. Ver Norberto Bobbio, *O conceito de sociedade civil.*

3. Cf. uma síntese do percurso deste conceito no Brasil no livro de Sergio Costa, *As cores de Ercília.*
4. Ver Jean Cohen e Andrew Arato, *Civil Society and Poltical Theory*. Arato posteriormente aceitou várias das críticas, embora procurando sustentar a relevância do conceito. Ver "Uma reconstituição hegeliana da sociedade civil". No Brasil esta visão é apresentada por Leo Avritzer, "Além da dicotomia Estado/mercado" e por Sérgio Costa, op.cit.
5. A procura em associar os agentes da liberdade e da autonomia social com formas sociais precisas está presente, inclusive, num autor de grande acuidade sociológica, como Alain Touraine. Ver *Critique de la modernité.*
6. Sobre as dimensões globais desse setor e a apresentação de alguns casos nacionais, cf. Lester M. Salaman et al., *La sociedad civil global.*
7. Como o faz, por exemplo, Ulrich Beck, *What is Globalization?*.
8. Ver Sérgio Costa, "A construção da raça no Brasil".
9. Cf. Bernardo Sorj, *brasil@povo.com.*
10. Idem.
11. Por exemplo, como expressada por Rubem César Fernandes em "Threads of Planetary Citizenship".
12. Por exemplo Ulrich Beck, op.cit.
13. Sobre o processo de reformas econômicas na América Latina, ver Juan Carlos Torre, *El processo político de las reformas económicas en América Latina.*
14. Ver Bernardo Sorj, "La relación público/privado en Brasil".
15. Ver respectivamente www.worldbank.org/civilsociety e www.worldbank.org/wbp/scapital.
16. http://www.worldbank.org/wbp/scapital/topic/
17. Ver James Coleman, *Foundations of Social Theory* e Robert Putnam, *Making Democracy Work.*
18. Para uma comparação entre a Europa e os Estados Unidos, a partir de uma perspectiva crítica da posição européia, ver Robert Kagan, *Of Paradise and Power.*

IV. Transformações sociais e a judicialização do conflito social na América Latina

1. Ver Michael Walzer, *Spheres of Justice*
2. Para uma visão otimista dos processos de judicialização da sociedade brasileira, ver Luiz Werneck Vianna et al., *Corpo e alma da magistratura brasileira.* Uma visão crítica do sistema de controle constitucional é apresentada por Rogério Bastos Arantes em *Judiciário e política no Brasil.*
3. Sobre a representação da história da Argentina a partir da obra de Sarmiento, ver Maristella Svampa, *El dilema argentino.*
4. A relação paradoxal entre democracia e o aumento da violência no Brasil é analisada por Angelina Peralva em *Violência e democracia.*

5. A divisão esquizofrênica da elite política latino-americana, cuja identificação com a cultura européia era mantida separada de sua brutal prática repressora, foi retratada de forma magistral na literatura, em particular em *El siglo de las luces*, de Alejo Carpentier, e em *Yo el supremo,* de Augusto Roa Bastos.
6. Ver Bernardo Sorj, *A construção intelectual do Brasil contemporâneo*, segunda parte; Sérgio Costa, *As cores de Ercília*; José Maurício Domingues, "A dialética da modernização conservadora e a nova história do Brasil"; e Jessé Souza (org.), *O malandro e o protestante.*
7. Ver Danilo Martuccelli, "Del espejo opaco a los riesgos de la transparencia invisible".
8. Ver Wanderley Guilherme dos Santos, *Cidadania e justiça*, p.75.
9. Ver Marcelo Neves, "Et si le douzième chameau venait à manquer?".
10. Ibid, p.118.
11. Ver Niklas Luhmann, "La restitution du douzième chameau".
12. Como mostra Albert Hirschman, em *Saída, voz e lealdade.*
13. A distância entre o indivíduo isolado e um Estado cada vez mais poderoso produziu uma enorme bibliografia, em particular nas pesquisas sobre as origens do totalitarismo. Ver sobre o tema o clássico trabalho de Erich Fromm, *Escape from Freedom.*
14. Ver Bernardo Sorj, *A nova sociedade brasileira.*
15. Ver ibid, cap.1.

Conclusões: Política sem moral e moral sem política?

1. Ver o livro de Michael Ignatieff, *Human Rights as Polics and Indolatry*, que analisa os direitos humanos na esfera das relações internacionais.
2. Ver Richard Rorty, *Achieving our Country.*
3. Ver, em particular, John Rawls, *A Theory of Justice*; Ronald Dworkin, *Los derechos en serio.* Na extensa bibliografia sobre comunitarismo pode ser consultada uma síntese dos debates em Amy Gutmann, *Multiculturalism*; Amitai Etzioni, *New Communitarian Thinking*; Nathan Glazer, *Affirmative Discrimination.*
4. Ver Anthony Giddens, *Para além da esquerda e da direita.*
5. Antonio Negri, *O poder constituinte.*
6. Sobre o pluralismo jurídico existe uma ampla bibliografia; ver Jean Carbonnier, *Sociologie juridique.* Para o debate sobre sua utilização no caso brasileiro, ver Eliane Botelho Junqueira, *A sociologia do direito no Brasil.*
7. Ver em particular Boaventura de Souza Santos, *Toward a New Commmon Sense.*
8. Ver Manuel Castells, *The Rise of the Network Society.*

Referências bibliográficas

ALBERTI, Giorgio. "Democracy by default, economic crisis, movimientismo and social anomie in Latin America". Trabalho preparado para apresentação no XV World Congress of the International Political Science Association. Buenos Aires, 1991.

APPADURAI, Arjun. *The Social Life of Things.* Cambridge, University Press, 1996

ARANTES, Rogério. B. *Judiciário e política no Brasil.* São Paulo, Sumaré, 1997.

ARATO, Andrew. "Uma reconstituição hegeliana da sociedade civil", in AVRITZER, Leo (org.). *Sociedade civil e democratização.* Belo Horizonte, Del Rey, 1994.

______. "Além da Dicotomia Estado/Mercado", *Novos Estudos Cebrap* n.36, 1993.

BAUDRILLARD, Jean. *Le système des objets.* Paris, Gallimard, 1968.

BAUMAN, Zygmunt. *Legislators and Interpreters: On Modernity, Postmodernity, and the Intellectuals.* Oxford, Polity Press, 1987.

______. *Intimations of Postmodernity.* Londres, Routledge, 1992.

______. *Life in Fragments.* Oxford, Blackwell, 1995.

______. *O mal-estar da pós-modernidade.* Rio de Janeiro, Jorge Zahar, 1999.

BECK, Ulrich. *What is Globalization?* Oxford, Blackwell, 2000.

BOBBIO, Norberto. *O conceito de sociedade civil.* Rio de Janeiro, Graal, 1982.

______. *A era dos direitos.* Rio de Janeiro, Campus, 1992.

BOBBIT, Phillip. *The Shield of Achilles: War, Peace and the Course of History.* Londres, Penguin, 2002.

BOROUMAND, Ladan. *La guerre des principes.* Paris, Editions de L'École des Hautes Études en Sciences Sociales, 1999.

BULMER, Martin e Anthony M. REES (orgs.). *Citizenship Today: The Contemporary Relevance of T. H. Marshall.* Londres, UCL Press, 1996.

CARBONNIER, Jean. *Sociologie juridique*. Paris, PUF, 1978.

CASTEL, Robert e Claudine HAROCHE. *Propriété privée, propriété sociale, propriété de soi*. Paris, Fayard, 2001.

CASTELLS, Manuel. *The Rise of the Network Society*. Oxford, Blackwell, 1996.

COHEN, Jean e Andrew ARATO. *Civil Society and Poltical Theory*. Cambridge, MIT Press, 1997.

COLEMAN, James M. *Foundations of Social Theory*. Cambridge, Harvard University Press, 1990.

CORTEN, Olivier e Patricio NOLASCO. "Pluralisme culturel, pluralism juridique et démocratie: Les ambigúites du discours identitaire zapatiste", *Les Cahiers du GELA.IS* n.1, 2001.

COSTA, Sérgio. "A construção da raça no Brasil", ms.

______. *As cores de Ercília*. Belo Horizonte, Ed. UFMG, 2002.

DOMINGUES, José Maurício. "A dialética da modernização conservadora e a nova história do Brasil", DADOS n.3, v.45, p.459-82, 2002.

DOUGLAS, Mary e Baron ISHERWOOD. *The World of Goods*. Londres, Routledge, 1996.

DWORKIN, Ronald. *Los derechos en serio*. Barcelona, Ariel, 1999.

EHRENBERG, Alain. *La fatigue d'être soi*. Paris, Odile Jacob, 1998.

ETZIONI, Amitai. *New Communitarian Thinking*. Charlottesville, The University Press of Virginia, 1996.

EWALD, François. *Histoire de l'état providence*. Paris, Grasset, 1986.

FEATHERSTONE, Mike. *Consumer, Culture & Postmodernism*. Londres, Sage, 1990.

FERNANDES, Rubem César. "Threads of Planetary Citizenship", in OLIVEIRA, Miguel D. e Rajesh TANDON (orgs.). *Citizens-Strengthening Global Civil Society*. Washington, Civicus, 1994.

FERRY, Luc e Alain RENAUT. *Philosophie politique: Des droits de l'homme à l'idée républicaine*. Paris, PUF, 1985.

FRASER, Nancy. "Da redistribuição ao reconhecimento? Dilemas da justiça na era pós socialista", in SOUZA, Jessé (org.). *Democracia hoje: Novos desafios para a teoria democrática contemporânea*. Brasília, Ed. UnB, 2001.

FROMM, Erich. *Escape from freedom*. Nova York, Henry Holt, 1995.

GABRIEL, Yiannis e Tim LANG. *The Unmanageable Consumer*. Londres, Sage, 1995.

GAUCHET, Marcel. "Essai de psychologie contemporaine", *Le Débat* ns.99 e 100, 1998.

______. *La religion dans la démocratie: Parcours de la laïcité*. Paris, Gallimard, 1998.

______. "Quand les droits de l'homme deviennent une politique", *Le Debat* n.110, mai-out 2000.

GIDDENS, Anthony. *Para além da escuerda e da direita*. São Paulo, Unesp, 1995.

______. e Scott LASH. *Reflexive Modernization*. Stanford, Stanford University Press, 1994.

GLAZER, Nathan. *Affirmative Discrimination: Ethnic Inequality and Public Policy*. Cambridge, Harvard University Press, 1987.

GROS, Christian. *Políticas de la etnicidad: Identidade, estado y modernidad*. Bogotá, ARFO, 2000.

HABERMAS, Jürgen. *The Theory of Communicative Action*. Boston, Beacon Press, 1989.

______. "Struggles for Recognition in the Democratic Constitutional State", in GUTMANN, Amy. *Multiculturalism*. Nova Jérsei, Princeton University Press, 1994.

HIRSCHMAN, Albert. *Saída, voz e lealdade*. São Paulo, Perspectiva, 1970.

HUNTINGTON, Samuel. *Political Order in Changing Societies*. Londres, Yale University Press, 1969.

IGNATIEFF, Michael. *Human Rights as Politics and Idolatry*. Princeton, Princeton, 2002.

JUNQUEIRA, Eliane B. *A sociologia do direito no Brasil*. Rio de Janeiro, LumenJuris, 1993.

KAGAN, Robert. *Of Paradise and Power: America and Europe in the New World Order*. Nova York, Knopf, 2003.

LASCH, Christopher. *The Minimal Self: Psychic Survival in Troubled Times*. Nova York, Norton, 1984.

LEFORT, Claude. *L'Invention democratique: Les limits de la dominiation totalitaire*. Paris, Fayard, 1981.

LUHMANN, Niklas. "La restitution du douzième chameau: Du sens de'une analyse sociologique du droit", *Droit et Societé* n.47, 2001.

MACPHERSON, C.B. *The Political Theory of Possessive Individualism*. Oxford, Oxford U.O., 1962c.

MANN, Michael. "Ruling Class Strategies and Citizenship", *Sociology* vol.21, n. 3, 1987.

MARSHALL, T.H. *Citizenship and Social Class and Other Essays*. Cambridge, Cambridge University Press, 1950.

MARTUCCELLI, Danilo. "Del espejo opaco a los riesgos de la transparencia invisible: Notas sobre la teoría social", ms., 2002.

______. *Dominations ordinaries*. Paris, Balland, 2002.

______. *Grammaires de l'individu*. Paris, Gallimard, 2002.

MARX, Karl. *El Capital*, V.1, Buenos Aires, Cartago, 1973.

McCracken, Grant. *Culture & Consumption*. Bloomington, Indiana University Press, 1990.

Miller, Daniel (org.). *Acknowledging Consumption*. Londres, Routledge, 1996.

Negri, Antonio. *O poder constituinte*. Rio de Janeiro, DP&A, 2002.

Neves, Marcelo. "Et si le douzième chameau venait à manquer? Du droit expropiateur au droit envahi", *Droit et Societé* n.47, 2001.

Peralva, Angelina. *Violência e democracia*. São Paulo, Paz e Terra, 2000.

Piore, Michael P. *Beyond Individualism*. Cambridge, Harvard University Press, 1995.

Putnam, Robert D. *Making Democracy Work*. Nova Jérsei, Princeton University Press, 1993.

Rawls, John. *A Theory of Justice*. Cambridge, Harvard University Press, 1971.

Rorty, Richard. *Achieving Our Country: Leftist Thought in Twentieth-Century America*. Cambridge, Harvard University Press, 1998.

Rosanvallon, Pierre. *La crise de l'état-providence*. Paris, Seuil, 1984.

______. *La nouvelle question sociale*. Paris, Seuil, 1995.

Salaman, Lester M. et al. *La sociedad civil global: Las dimensiones del sector no lucrativo*. Bilbao, Fundación BBVA, 1999.

Santos, Boaventura S. *Toward a New Common Sense*. Londres, Routledge, 1995.

Santos, Wanderley Guilherme dos. *Cidadania e justiça: A política social na ordem brasileira*. Rio de Janeiro, Campus, 1979.

Schnapper, Dominique. *La communauté des citoyens*. Paris, Gallimard, 1994.

Simmels, Georg. *The Philosophy of Money*. Londres, Routledge, 1991.

Slater, Don. *Consumer, Culture & Modernity*. Cambridge, Polity Press, 1997.

Sorj, Bernardo. "Crises e horizontes das ciências sociais na América Latina", *Novos Estudos Cebrap* n.23, p.154-63, 1989.

______. *A nova sociedade brasileira*. Rio de Janeiro, Jorge Zahar, 2000.

______. *A construção intelectual do Brasil contemporâneo*. Rio de Janeiro, Jorge Zahar, 2001.

______. "La relación público/privado en Brasil", in Wolf, Lawrence, Pablo González e Juan Carlos Navarro. *Educación privada y política pública en América Latina*. Santiago do Chile, Preal/BID, 2002, p.143-84.

______. *brasil@povo.com: A luta contra a desigualdade na sociedade da informação*. Rio de Janeiro/Brasília, Jorge Zahar/ UNESCO, 2003.

Souza, Jessé (org.). *O malandro e o protestante*. Brasília, Ed. UnB, 1999.

SULKUNEN, Pekka, John HOLMWOOD, Hilary RADNER e Gerhard SCHULZE (orgs.). *Constructing the New Consumer Society*. Londres, Macmillan, 1997.

SUPIOT, Alain. *Critique du droit du travail*. Paris, PUF, 1994.

SVAMPA, Maristella. *El dilema argentino: Civilización o barbarie*. Buenos Aires, El cielo por asalto, 1994.

TERRADAS, Ignaci. "Familia y ciudadanía en la Revolución Francesa". Barcelona, M.S., 1997.

TORRE, Juan Carlos. *El processo político de las reformas económicas en América Latina*. Buenos Aires, Paidós, 1998.

TOURAINE, Alain. *Critique de la modernité*. Paris, Fayard, 1992.

_____. "O campo político de FHC", *Tempo Social* vol.12, n.1, p.3-22, mai 2000.

TURNER, Bryan S. "Outline of a Theory of Citizenship", *Sociology* vol.21, n.3, 1987.

VIANNA, Luiz W. et al. *Corpo e alma da magistratura brasileira*. Rio de Janeiro, Revan/Iuperj, 1997.

WALZER, Michael. *Spheres of Justice*. Oxford, Martin Robertson, 1983.

_____. "Multiculturalism and the Politics of Interest", in BIALE, David, Michael GALCHINSKY e Susannah HESCHEL (orgs.). *Insider/Outsider, American Jews and Multiculturalism*. Berkeley, University of California Press, 1998, p.89.

www.worldbank.org/civilsociety

www.worldbank.org/wbp/scapital

www.worldbank.org/wbp/scapital/topic

Impressão e acabamento
Cromosete
GRÁFICA E EDITORA LTDA.
Rua Uhland, 307 - Vila Ema
Cep: 03283-000 - São Paulo - SP
Tel/Fax: 011 6104-1176

1 2 3 4 5 6 7 8 9 10